汽车维修入门 全程图解系列

全程图解
汽车美容

★ 刘毛 李祖深 主编

流程图 ➕ 基础知识 ➕ 实际操作
轻松入门 快速提高！

机械工业出版社
CHINA MACHINE PRESS

本书以图解的形式详细介绍了汽车美容的基本知识和方法,重点介绍汽车美容项目的操作技能,并注重内容的实用性与可操作性。全书主要包括认识汽车美容、汽车清洗、车表美容、车身漆面美容、车身漆面修复美容、汽车玻璃的美容、汽车内饰美容七个方面的内容。

本书内容丰富,理论适度,突出应用,可供汽车美容人员、汽车维修人员、汽车油漆工等汽车服务人员阅读和参考使用,也可供职业院校汽车相关专业师生和汽车工程技术人员阅读参考。

图书在版编目(CIP)数据

全程图解汽车美容/刘春晖,李祖深主编. —2 版. —北京:机械工业出版社,2018.9(2021.1 重印)

ISBN 978-7-111-60374-0

Ⅰ.①全… Ⅱ.①刘… ②李… Ⅲ.①汽车 – 车辆保养 – 图解

Ⅳ.①U472 – 64

中国版本图书馆 CIP 数据核字(2018)第 146482 号

机械工业出版社 (北京市百万庄大街 22 号 邮政编码 100037)

策划编辑:杜凡如 责任编辑:杜凡如

责任校对:孙丽萍 封面设计:张 静

责任印制:常天培

北京虎彩文化传播有限公司印刷

2021 年 1 月第 2 版第 4 次印刷

184mm×260mm・13.5 印张・2 插页・326 千字

5 001—5 500 册

标准书号:ISBN 978-7-111-60374-0

定价:49.90 元

凡购本书,如有缺页、倒页、脱页,由本社发行部调换

电话服务   网络服务

服务咨询热线:010 – 88361066   机 工 官 网:www.cmpbook.com

读者购书热线:010 – 68326294   机 工 官 博:weibo.com/cmp1952

010 – 88379203   金 书 网:www.golden – book.com

封面无防伪标均为盗版   教育服务网:www.cmpedu.com

前言 PREFACE

据中国汽车工业协会网站消息，2017年中国汽车产销均超2800万辆，连续九年蝉联全球第一。随着我国汽车工业的迅速发展和汽车保有量的逐年增加，汽车后市场蓬勃发展，汽车售后服务业也出现高速发展的态势。

汽车美容是个边缘词汇，与其含义相近的专业术语叫做汽车养护。汽车美容是指受过专业培训的人员，根据汽车各部位的不同材质，采用针对性的养护产品和专业工具设备，按照一定的施工工艺，由表及里地进行细致、周全的维护，使汽车外观洁亮如新，漆面亮光保持长久，并能有效延长汽车使用寿命的汽车养护作业，具有严格的系统性、规范性和专业性。

汽车行业专家预测，当汽车制造业每投入1元钱时，将会带动售后消费24～34元。一辆中档轿车用在装饰美容上的费用就可达5000～6000元。根据汽车服务行业的统计，平均每500辆汽车就需要一个美容养护店，按照这种测算，目前现有美容养护店的数量远远不能满足市场需求。汽车美容业蕴藏着巨大商机，汽车美容拥有广阔的市场空间，同时对汽车美容业从业人员的素质和人才培养也提出了更高的要求。

汽车美容知识的普及，对汽车消费者正确选择与鉴别汽车美容产品，正确选择汽车美容养护、装潢与改装提供了帮助。因此，汽车美容养护业的迅速崛起和发展，不仅成为我国服务业的一个新兴支柱产业，而且也是渴望勤劳致富者的黄金产业。

本书以图解的形式详细介绍了汽车美容的基本知识和方法，重点介绍汽车美容项目的操作技能，并注重内容的实用性与可操作性。全书主要包括认识汽车美容、汽车清洗、车表美容、车身漆面美容、车身漆面修复美容、汽车玻璃的美容、汽车内饰美容七个方面的内容。

本书由刘春晖、李祖深任主编，参加本书编写工作的还有贺红岩、张文志、顾雅青、王如兵、张坤、尹文荣、王淑芳、魏代礼、毛静、李凤芹、任斌、方玉娟、李亚伟、唐娟、陈国、王学军。

由于编者水平有限，书中难免有错误和不当之处，恳请广大读者批评指正。

目录 CONTENTS

第一章 Chapter 1

认识汽车美容

第一节　汽车美容基本知识

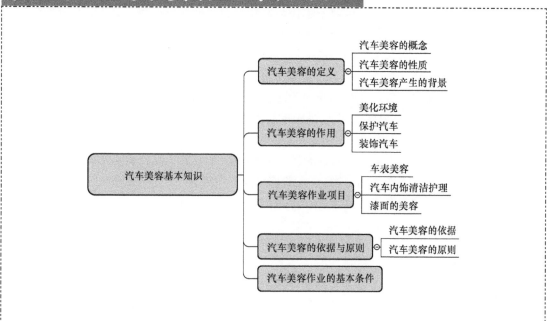

汽车美容是汽车工业和人类文明发展到一定程度的产物，是一个新兴行业。"汽车美容"源于西方发达国家，英文名称表示为 Car Beauty 或 Car Care，是指汽车的美化与维护。在西方国家，他们形容这一行业为"汽车保姆"，是汽车生产、销售、维修之后的第四行业。汽车美容是一个操作性很强又极注重经验的技术工种，因此必须了解和掌握有关的知识，提高汽车美容专业水平，以确保汽车美容质量。

一、汽车美容的定义

1. 汽车美容的概念

汽车美容是指根据汽车各部位不同材质及美容机理，采用针对性的专业美容系列用品和专业工具设备，按照一定的操作工艺，由表及里对汽车进行细致的养护、修复和翻新，从而实现"旧车变新，新车保值，延寿增益"的功效。它不仅包括汽车打蜡、除渍、除臭、吸尘及车内外的清洁服务等常规美容护理，还包括对漆面增光、打蜡、抛光、镀膜、封釉、深浅划痕漆面处理，底盘装甲和发动机表面翻新等一系列汽车美容技术。

2. 汽车美容的性质

汽车美容具有严格的系统性、规范性和专业性。

所谓系统性就是着眼于汽车的自身特点，由表及里进行全面而细致地保养；所谓规范性就是每一道工序都有标准而规范的技术要求；所谓专业性就是严格地按照工艺要求采用专用工具、专用产品和专用技术手段进行操作。不同于早期常规的清洗、除渍、打蜡和除臭吸尘等常规作业，更不是一条水管、一个水桶、一包洗衣粉、一块抹布及一把刷子就完成对汽车的"美容"。

3. 汽车美容产生的背景

汽车美容产生的背景有下面几个方面。

一是由于汽车工业的快速发展，社会消费时尚的流行及人们对新事物猎奇、追求新异思想的影响，新车款式更新换代速度越来越快，追新族们为得到新车而不愿让旧车贬值，因而在汽车消费与二手市场之间，汽车美容装饰业就应运而生。

二是随着社会进步和人类文明程度的不断提高，汽车正以大众化消费品的姿态进入百姓生活，因而汽车的款式、性能及汽车的整洁程度，无不体现车主的性格、修养、生活观及喜好，如同人们日常穿着一样。因此许多人想让自己的座驾看起来干净漂亮，用起来风光舒适，凸显自身品位。围绕着这一目的所做的一系列工作，就是许多人眼里笼统意义上的"汽车美容"。

三是科学技术的不断发展，车身涂料的发展和喷涂工艺的提高，使得不仅汽车外形光彩照人，同时车身涂膜对车身的保护作用越来越重要，其防腐蚀性、耐久性、抗磨性、隔热性、防紫外线等性能给汽车尽心的呵护。

二、汽车美容的作用

1. 美化环境

随着我国国民经济的不断发展和科学技术的不断进步，以及人们生活水平的不断提高，道路上行驶的汽车也越来越多。五颜六色的汽车装扮着城市的各条道路，对城市和道路环境起着美化作用，给人们带来美的享受。这些成果的得来与我国的汽车美容业的兴起是分不开的，如果没有汽车美容，道路上行驶的汽车车身将会是灰尘污垢堆积，色泽暗淡，甚至锈迹斑斑，这样将会形成与美丽的城市建筑极不协调的景象。因此，美化城市环境离不开汽车美容。图1-1所示为汽车美容施工前后对比图。

2. 保护汽车

汽车涂膜是汽车金属表面的保护层，它使物体表面与空气、水分、日光以及外界腐蚀物质隔离，起着保护物面、防止腐蚀的作用，从而延长金属等物体的使用寿命。汽车在使用过程中，由于风吹、日晒和雨淋等自然侵蚀，以及环境污染的影响，涂膜会出现失光、变色、粉化、起泡、龟裂以及脱落等老化现象。另外，交通事故、机械撞击等也会造成涂膜损伤。一旦涂膜损坏，金属等物体便失去了保护的"外衣"。为此，加强汽车美容作业，维护好汽车表面涂膜是保护汽车金属等物体的前提，并使车辆美观、保值。图1-2所示为常见的汽车漆膜损伤。

3. 装饰汽车

随着人们消费水平的提高，对于一些中、高档轿车来说，汽车不仅仅是一种交通工具，

a) 镀膜前　　　　　　　　　　　　　　b) 镀膜后

c) 洗车前　　　　　　　　　　　　　　d) 洗车后

图 1-1　汽车美容施工前后对比图

a) 水痕纹　　　　　　　　　　　　　　b) 细微划痕

c) 漆面氧化　　　　　　　　　　　　　d) 车漆脱落

图 1-2　常见的汽车漆膜损伤

它已成为车主的一种身份象征。车主不仅要求汽车具有优良的性能，而且还要求汽车具有漂亮的外观，并想方设法把汽车装扮得靓丽美观，这就对汽车的装饰性能提出了更高的要求。汽车的装饰性不仅取决于车型外观设计，而且取决于汽车表面色彩、光泽等因素。通过汽车美容作业，可以使汽车涂层平整、色彩鲜艳、色泽光亮，始终保持美丽的容颜。图1-3所示为加装了大包围的轿车。

图1-3　加装大包围的丰田车

三、汽车美容作业项目

专业汽车美容护理的特点是施工项目多、覆盖范围广，既有简单的也有复杂的，可随意组合，服务灵活多变，作业时间短、见效快。当前流行的汽车美容与护理的主要项目（图1-4）如下。

图1-4　汽车美容与护理的主要项目

1. 车表美容

如图1-5所示，车表美容包括汽车外部清洗，漆面附着物的去除，新车开蜡，轮胎与轮辋的养护美容，汽车玻璃的美容护理，不锈钢、电镀件的美容护理，塑料装饰件的美容护理，车灯的美容护理，刮水器的检查护理，玻璃洗涤器的日常检查等内容。

2. 汽车内饰清洁护理

如图1-6所示，汽车内饰清洁护理包括车室的清洁护理、汽车发动机室的清洁护理和行李箱的清洁护理等项目。其中车室美容包括车室除尘、顶篷、仪表板、转向盘、座椅、头枕、安全带、桃木内饰、中控台、门内护板、地毯和脚垫、空调通风口的清洁保护，以及蒸汽杀菌、室内空气净化等项目。发动机室的清洁护理包括发动机冲洗清洁、喷上光保护剂等清洁、检查、维护项目。

3. 漆面的美容

在汽车美容作业中，漆面美容主要分为护理美容、翻新美容及修复美容三类。

（1）护理美容　护理美容是指汽车在正常使用中进行的护理，目的是保护漆膜使漆面光泽持久，避免粗糙、失去弹性和光泽。汽车在外部清洗之后的漆面美容护理项目主要有打蜡、封釉或镀膜。

a) 汽车外部清洗

b) 漆面附着物的去除

c) 新车开蜡

d) 轮胎与轮辋的养护美容

e) 汽车玻璃的美容护理

f) 不锈钢、电镀件的美容护理

g) 塑料装饰件的美容护理

h) 车灯的美容护理

i) 玻璃洗涤器的日常检查

图 1-5　车表美容项目

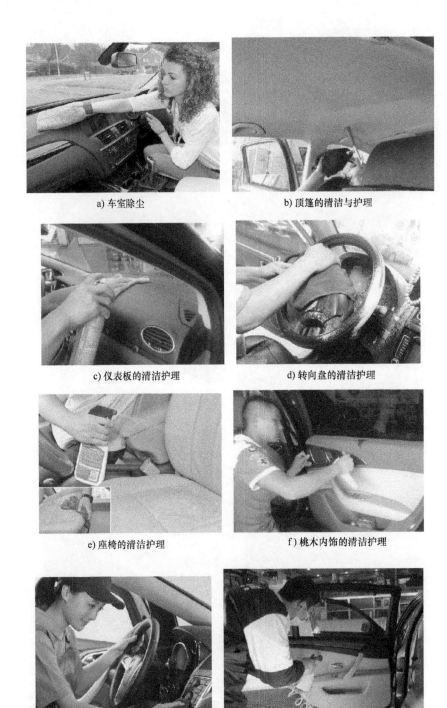

a) 车室除尘

b) 顶篷的清洁与护理

c) 仪表板的清洁护理

d) 转向盘的清洁护理

e) 座椅的清洁护理

f) 桃木内饰的清洁护理

g) 中控台的清洁护理

h) 门内护板的清洁护理

图1-6　汽车内饰清洁护理项目

i) 空调通风口的清洁护理

j) 臭氧消毒

k) 光触媒消毒

l) 发动机室的清洁护理

图1-6 汽车内饰清洁护理项目（续）

1）打蜡。如图1-7所示，给车漆打蜡，不仅可以使蜡在车漆表面形成清晰度较高的保护膜，而且能够起到上光、防水、防紫外线、防静电等作用。打蜡可以通过人工打蜡完成，也可以用打蜡机作业。但蜡可溶于水，起不到长期保护漆面的作用。

2）封釉。釉质主要有抗氧化、耐酸碱、光亮持久、密封、抗划痕等作用。如图1-8所示，汽车封釉就是采用先进工艺与专用工具将高分子釉剂挤压进车漆的纹理中，使之在车漆内形成牢固的网状保护层并附着在车漆表面，大大

图1-7 打蜡

提高车漆的硬度，降低其表面粗糙度，并有6个月左右的保持功效。汽车封釉之后无须打蜡，而汽车打蜡之后也不能封釉，要想封釉必须用脱蜡洗车液将车清洗干净后才可进行。

3）镀膜。如图1-9所示，镀膜就是用镀膜机将带有负离子的液态蜡，均匀地喷涂到车漆上，由于液态蜡带有静电，会自动吸附到车漆上，在车表面形成一层蜡质保护层。镀膜的防护时效可达一年以上，在此期间，日常养护只需要用清水冲洗即可。

（2）翻新美容 翻新美容是指受污染的漆面粗糙失光，此时不需喷漆，经过翻新美容后就能达到原来的效果。旧车漆面翻新美容的施工工艺为车身清洗→漆面研磨→漆面抛光→漆面还原→打蜡上光或封釉。

图1-8 封釉

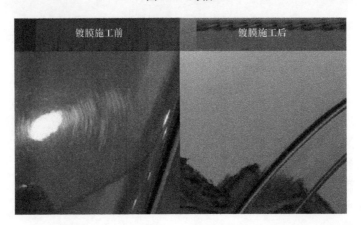

镀膜施工前　　　　　镀膜施工后

图1-9 镀膜

1）研磨。如图1-10所示，研磨是用于去除漆膜表面的氧化层、轻微划痕等缺陷的工序。漆面划痕修复时也会用到研磨、抛光等工序，以去除轻微划痕。研磨完后还要抛光、还原，这是三道连续的工序，研磨是漆面轻微缺陷修复的第一步，要求使用专用的研磨剂，用研磨/抛光机作业。

图1-10 研磨

2）抛光。如图1-11所示，抛光是紧接着研磨的第二道工序，其目的是去除研磨留下的打磨痕迹，要求使用专用的抛光剂，用研磨/抛光机作业。

3）还原。如图1-12所示，还原是紧接着抛光的第三道工序，其目的是通过还原剂将车漆的光泽还原回新车的状态。还原剂有两种，一种是还原剂，另一种是增艳剂。增艳剂在还原的基础上具有增艳作用。还原作业要求使用专用的还原剂或增艳剂，用研磨/抛光机作业。

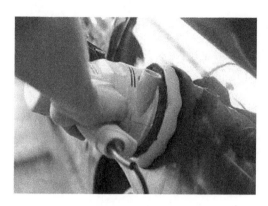

图1-11　抛光

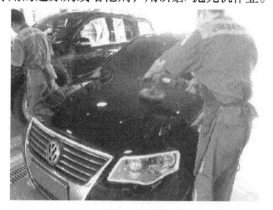

图1-12　还原

（3）修复美容　汽车修复美容是指对车身漆膜有损伤的部位和内饰物出现破损的部位进行恢复性作业，其中包括对涂膜表面的病态、损伤和车室物件的破损进行修补处理等作业内容。汽车修复美容一般先进行漆膜修复，然后再进行美容。汽车修复美容的工艺过程一般为表面准备工作→清除旧漆和除锈→底漆的施工→原子灰的施工→中涂底漆的施工→面漆的施工→面漆层的修整。视涂层的损坏状态和现场的具体条件执行以上工序。

汽车修复美容应在正规的汽车美容中心进行，它需要必要的设备和工具，必须有一定的修复美容工艺才能满足汽车美容的基本要求。但是，这种美容并非很完善，对整车而言，只是对车身的漆膜部分进行了维护。

修复性的美容维护作业项目有以下几项内容：

1）漆膜病态治理。漆膜病态是指漆膜质量与规定的技术指标相比存在缺陷，如图1-13所示。漆膜病态有上百种，按病态产生的时机不同，可分为涂装中出现的病态和使用中出现的病态两大类。对于各种不同的漆膜病态，应分析具体原因，并采取有效措施积极防治。

2）漆面划痕处理。漆面划痕是因刮擦、碰撞等原因造成的漆膜损伤，如图1-14所示。当漆面出现划痕时，应根据划痕的深浅程度，采取不同的工艺进行修复处理。

图1-13　漆膜病态

3）漆面斑点处理。漆面斑点是指漆面接触了沥青、飞漆、焦油、鸟粪等污物，在漆面上留下的污迹，如图1-15所示。对斑点的处理应根据斑点在漆膜中渗透的深度不同而采取不同的工艺。

4）汽车涂层局部修补。汽车涂层局部修补是指当汽车漆面出现局部失光、变色、粉化、起泡、龟裂、脱落等严重老化现象或因交通事故导致涂层局部破损时，所进行的局部修

补涂装作业，如图1-16所示。汽车涂层局部修补虽然作业面积较小，但要使修补漆面与原漆面的漆膜外观、光泽、颜色达到基本一致，需要操作人员具有丰富的经验和高超的技术水平。

5）汽车涂层整体翻修。汽车涂层整体翻修是指当全车漆膜出现严重老化时所进行的全车翻新涂装作业，如图1-17所示。其作业内容主要有修补前的准备工作、涂层表面处理、底漆的施工、原子灰的刮涂与打磨、中涂底漆的施工、面漆喷涂、面漆层的修整等。

图1-14　漆面划痕

图1-15　漆面斑点

图1-16　涂层局部修补

图1-17　涂层整体翻修

四、汽车美容的依据与原则

1. 汽车美容的依据

汽车美容应根据车型、车况、使用环境及使用条件等因素，有针对性地、合理地安排美容作业的时机及项目。

（1）因车型而异　由于汽车美容项目、内容及使用的用品不同，其价位也不一样。对汽车进行美容不仅要考虑到工艺的难度、效果，同时也要考虑费用问题。因此，不同档次的汽车所采取的美容作业及使用的美容用品应有所不同。对于高档车应主要考虑美容的效果，而对于一般汽车只要进行一般的美容作业就可以了。

（2）因车况而异　汽车美容作业应从汽车车膜及其他物面的实际状况出发制定工艺路

线，有针对性地进行美容作业。车主或驾驶人应经常对汽车表面进行检查，发现异变现象要及时处理。如车漆表面出现裂痕，尤其是较深的划痕，如处理不及时，导致金属锈蚀，就会增大处理难度。

（3）因环境而异　汽车行驶的地域和道路不同，对汽车进行美容操作的时间和项目也不同。如汽车经常在污染较重的工业区使用，则应缩短汽车清洗周期，经常检查漆面有无污染、色素沉着，并采取积极预防措施；如汽车在沿海地区使用，由于当地空气潮湿，且大气中含盐分较多，一旦漆面出现划痕应立即采取治理措施，否则会很快造成内部金属锈蚀；如汽车在西北地区使用，由于当地风沙较大，漆面易失去光泽，应缩短抛光、打蜡的周期。

（4）因季节而异　不同的季节、气温和气候的变化，对汽车表面及车室具有不同的影响。如汽车在夏季使用时，由于高温漆膜易老化，在冬季使用时，漆膜易冻裂，应进行必要的预防护理作业。另外，冬夏两季车内经常使用空调，车窗紧闭，车内易出现异味，应定期进行杀菌和除臭作业。

2. 汽车美容的原则

汽车美容护理的对象是汽车，而汽车是十分贵重的物品，在实施汽车美容护理及实际操作中都应该遵循一定的原则。

（1）护理原则

1）预防与治理相结合的原则。汽车美容以预防为主，即在汽车漆膜及其他物面出现损伤之前进行必要的维护作业，预防损伤的发生。一旦出现损伤应及时进行治理，恢复原来状况。因此，汽车美容应坚持预防与治理相结合的原则。

2）车主护理与专业护理相结合的原则。汽车美容很多属于经常性的维护作业，如除尘、清洗、擦车、检查等，几乎天天要进行，这些简单的护理作业，只要车主或驾驶人掌握了一定汽车美容知识，完全可以自己完成。但定期到专业汽车美容场所进行美容也是必不可少的，因为还有很多美容项目是车主无法完成的。尤其是汽车漆面、内外饰出现某些问题时，必须进行专业护理。为此，车主或驾驶人护理一定要与专业护理相结合，这样才能将车护理得更好。

3）单项护理与全套护理相结合的原则。汽车美容作业应有针对性地选择项目和内容，进行某些单项护理就能解决问题的不必进行全套护理，这样不仅是为了节省费用，同时对汽车本身也是有利的。例如，汽车漆膜的厚度是一定的，如果每次汽车漆面美容都进行全套的研磨、抛光、打蜡，这样漆膜厚度很快会变薄，当磨至露底色漆时，就必须进行重新喷漆，这就得不偿失了。当然在需要时对汽车进行全面护理也是必要的，关键是要根据不同情况具体对待。

4）局部护理与全车护理相结合的原则。汽车漆膜局部出现损伤时，只要对局部进行处理即可，只有在全车漆膜绝大部分出现损伤时，才能进行全车漆膜处理。在实际工作中，应根据需要决定护理的面积，只需局部护理的，不要扩大到整块板，只需整块护理的，不要扩大到全车。

（2）操作原则

1）以稳妥为主，取稳避莽。急于求成是许多人容易犯的毛病，急躁是造成事故的主要原因之一。汽车美容护理的事故都是严重的，因为汽车的本身价值高。如果在研磨中把车漆磨透了，这辆车必须重新喷漆。当遇到难题时要停下来，弄懂之后再做，不能拿车来做试

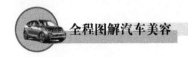
验，不可蛮干硬来。

2）以质量为准，取轻避重。在保证质量的前提下，能用柔和型用品时就不用强力型；能用微切就不用中切；能用稀释的就不用浓缩的；能用低速就不用高速；能用轻力就不用大力。只要把活干好，轻的永远比重的强。

3）以特性为主，避免强力。专业人员不应从用品的名称上，而应从用品的特性上去理解用品。例如，丝绒清洗剂和发动机清洗剂对普通消费者来说是两种不同的产品。但对专业人员来说，它们都是用来去油的，发动机清洗剂的去油性强。了解了这一点，专业人员也可以用丝绒清洗剂来清洗不太油的发动机。在所有的内饰清洁中，由于其材质的不同，其清洗的力度也有轻有重。丝绒最娇气，应使用柔和型的清洗剂，化纤其次，地毯清洗剂是最强的。遵循前两条专业美容护理的原则："取稳避莽，取轻避重"，在清洗内饰时，就可以用丝绒清洗剂来清洗整个内饰，包括化纤、地毯等。如果都干净了，也就没有必要使用强力的。这一原则，在洗车、打蜡、抛光等工序中同样适用。

4）以精细为准，避免粗糙。专业美容是细活儿，仅次于艺术品的制作。边边角角的地方特别注意不能遗漏，一个小小的污点就有可能破坏整个形象，精益求精是专业汽车美容护理争取回头客的法宝。

五、汽车美容作业的基本条件

专业汽车美容必须要具备下面五个条件。

1）应有专用的汽车美容操作工作室。工作室应与外界隔离，并设有专门的漆膜维修处理工作室、干燥室、清洗室、美容护理室，而且相互不应干扰。

2）各工作室应有相应的专用设备、工具及能源，可供施工所用，不同美容装饰项目所需的设备及用品见表1-1。

表1-1　现代汽车美容装饰项目及设备用品

序号	汽车美容项目	作业项目	设备及用品
1	车表清洗	普通清洗	高压（冷/热）清洗机、泡沫机、空气、香波清洗剂（洗车液）、压缩机、气枪、麂皮、毛巾、板刷、车轮清洁上光剂
		精细清洗	同上，另加焦油沥青清洗剂、树脂清洁剂、脱蜡清洁剂
		电脑洗车机洗车	电脑洗车机、水蜡、专用洗车液
2	漆面美容	新车开蜡	强力开蜡水、无纺毛巾及清洗设备
		漆面打蜡	打蜡机、打蜡海绵、保护蜡、上光蜡
		漆面失光处理	研磨/抛光机、研磨剂、抛光剂、还原剂、漆面增艳剂、漆面保护剂
		发丝划痕的处理	研磨/抛光机、研磨剂、抛光剂、还原剂、漆面增艳剂、漆面保护剂
		漆面封釉	封釉振抛机、研磨/抛光机、研磨剂、抛光剂、还原剂、镜面釉、黏土、烤灯
		漆面镀膜	研磨/抛光机、研磨剂、抛光剂、还原剂、镀膜材料、增艳剂
3	车饰美容	内饰美容	吸尘/吸水器、高温蒸汽清洗机、喷壶、毛巾、真皮清洗剂、塑料清洗剂、纤维织物清洁保护剂、真皮上光保护剂、地毯清洗剂
		外饰美容	玻璃清洗机、玻璃抛光剂、拨水剂、喷壶、毛巾、轮胎清洗保护剂、轮胎上光剂、塑胶清洗剂、镀铬抛光剂

（续）

序号	汽车美容项目	作业项目	设备及用品
3	车饰美容	发动机室美容	高压清洗机、空气压缩机、喷枪、喷壶、毛巾、发动机表面活性清洗剂、机头光亮保护剂、塑料膜、电子清洗剂、塑胶保护剂等
4	汽车防护	安装防爆太阳膜	软刮刀、硬刮刀、太阳膜、喷壶、剪刀、模板、防爆太阳膜、数显烤枪
		安装防盗器、中控门锁	防盗器、中控门锁、万用表、胶布、剪刀、测试笔
		安装倒车雷达	倒车雷达、电钻、钻头、万用表、胶布、笔
		底盘装甲	空气压缩机、油水分离器、专用喷枪、汽车举升机、抹布、遮蔽胶带、遮盖纸、报纸、大张塑料薄膜、底盘装甲材料
5	汽车电器装潢	安装车载导航仪	专用车载导航仪、汽车音响空调内饰拆卸工具、万用表、12V测试笔、绝缘胶布、密封胶、剥线钳、高温风枪、热缩管及常规拆装工具
		安装氙气灯	氙气灯、万用表、12V测试笔、绝缘胶布、密封胶、剥线钳、高温风枪、电钻及常规拆装工具
6	汽车装饰与保护膜装贴	车贴装贴	喷壶、香波清洗剂、除蜡水、柏油清洗剂、神奇泥、介纸刀、热风枪、刮板、毛巾
		汽车保护膜装贴	喷壶、香波清洗剂、除蜡水、柏油清洗剂、神奇泥、介纸刀、热风枪、刮板、尺子、毛巾

3）所有的施工人员、技术人员，必须经过专业技术培训，取得上岗证书后，方可进行施工操作。

4）汽车美容用品及有关材料必须是正规厂家生产的合格品，而且应是配套使用的相关产品。这可避免在汽车美容施工时出现质量事故。

5）有必要的售后服务保障。售后服务是对专业美容的补充，是专业美容的延续，可保证当一些质量问题出现后，能及时有效地进行补救处理，既可在消费者心目中树立汽车美容企业的良好服务形象，也是对消费者权益的保证。

第二节 汽车美容环保安全规范

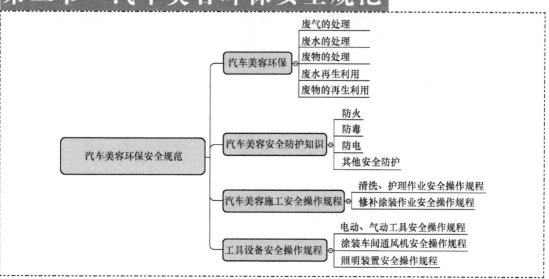

汽车美容施工必须坚持"预防为主，安全第一"的原则，防止发生火灾、中毒、触电等伤亡事故，防止出现职业病，保障职工身体健康，确保人身和财产的安全。因此，施工人员应学习和掌握有关安全防护方面的知识，严格按安全操作规程进行施工操作。

一、汽车美容环保

在汽车美容施工中所产生的废气、废水及废物等污染物，如处理不当将导致大气污染、水质污染和土壤污染，造成社会性公害。因此，治理"三废"是汽车美容施工中不可忽视的重要问题。

1. 废气的处理

汽车美容施工中产生的废气主要来源于喷涂过程中散发的漆雾和溶剂挥发产生的蒸气。为防止造成大气污染，常采用活性炭吸附法、催化燃烧法和直接燃烧法等进行治理。

1) 活性炭吸附法。这种方法是采用活性炭作为物理吸附剂，利用其毛细管的凝聚作用和分子间的引力，把有害物质吸附在活性炭表面上，使废气净化。

活性炭吸附法使用的设备有预处理设备、吸附罐、后处理设备、控制系统等。工艺过程如下：将有机溶剂挥发气体经过滤、抽风、冷却后送往吸附罐内，通过活性炭层直至饱和；再以一定压力的工业蒸气处理饱和的活性炭，使之析出被吸附的溶剂气体；然后将析出的溶剂气体与水蒸气混合物经冷却器冷却并使其分层，最后回收有机溶剂。

活性炭吸附处理后，废气排放浓度可达到国家标准规定。该方法的优点是可回收溶剂，可净化低浓度低温废气，不需加热。缺点是需要预处理除去漆雾、粉尘、烟、油等杂质，高温废气需要冷却。

2) 催化燃烧法。这种方法是将作为有机溶剂的气体加热至 $200 \sim 400℃$，通过氧化反应，可以在较低温度下燃烧，热能消耗少。其优点是装置较小，燃料费用低，NO_x 生成少。缺点是需要良好的预处理，催化剂和设备价格较贵等。

3) 直接燃烧法。这种方法是将含有机溶剂的气体加热至 $600 \sim 800℃$，使其直接燃烧，进行氧化反应，转化为二氧化碳和水。其优点是操作简单，维护容易，不需预处理，有机物可完全燃烧，有利于净化高浓度废气，燃烧热可作为烘干室的热源综合利用。缺点是 NO_x 排放增多，当单独处理时，燃烧费用较高。

2. 废水的处理

在汽车美容的清洗、湿打磨等作业中，将产生大量废水，这些废水中含有油污、清洗剂等有害物质，必须进行净化处理，使之符合工业废水最高允许排放浓度及地面水质的卫生要求才能排放，以减少环境污染，保证水质卫生。

1) 油污的处理。清洗汽车车底、底盘时产生大量含油废液。这种油污主要以乳化油的状态存在，油分子的粒径很小，不易从废液中去除，通常采用破乳→油水分离→水质净化的方法进行油污处理。

① 破乳：主要用外加药剂来破坏废液中乳化胶体溶液的稳定性，使其凝聚。

② 油水分离：通过破乳、凝聚处理，油珠和杂质生成絮凝，然后用物理方法使油水分层，去除沉淀，从而达到分离的目的。油水分离的方法有自然浮上、加压浮上、电解浮上、凝聚沉淀和粗粒化等。

③ 水质净化：经破乳、油水分离后，水中油分和有机物都会大大降低，但水中还存在

着微量的油和一些水溶性表面活性剂，可通过吸附、过滤除去。常用的吸附、过滤材料有活性炭、焦炭、磺化煤以及聚丙烯纤维等。

2）碱性废液的处理。汽车表面清洗采用的大多为碱性清洗剂，对废液中的碱可以采用中和法进行处理。方法一是将碱性废液与酸性废液互相中和，使 pH 值为 6~9。此法节省中和药剂，简便易行，成本低。方法二是采用加药中和。常用的中和剂为工业用硫酸或硝酸。此法效果好，时间短，但成本高。

3. 废物的处理

汽车美容作业中产生的废物较多，其中大部分是有害物质，必须进行妥善处理。这些废物主要有水性沉渣，如湿打磨沉渣；施工废渣，如清除的旧漆膜、打磨粉尘等；废旧容器，如清洗剂和护理用品的废罐、涂料废桶等（图1-18）；涂料废渣，如废腻子、废漆渣等；废弃用品，如废擦布、废砂纸、废遮盖物等。对易燃物可采取焚烧处理的方式。

图 1-18　废旧油漆

4. 废水再生利用

在汽车美容行业中水消耗量大，一个洗车场平均每天消耗的水在 $10m^3$ 以上，从全国范围看，数字是惊人的。我国是个严重缺水的国家，水资源的再生利用具有重要的现实意义。如果把洗车用过的废水进行处理后再用，不仅可节约用水，降低成本，而且还可以减少水污染，是一项利国利民的大好事。

废水再生利用的主要设备有水泵、蓄水箱、沉淀池、过滤槽和过滤塔等。其中过滤塔的结构最复杂，它由塔身和五道过滤层组成，过滤层从下到上依次为鹅卵石层、方解石层、棕纤维层、海绵层和净水剂层。废水再生利用工艺流程如图1-19所示。

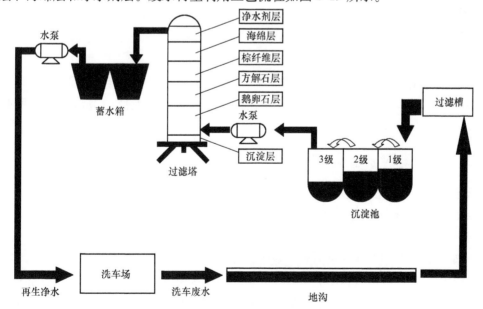

图 1-19　废水再生利用工艺流程

1）废水回收。首先要控制废水的流向，洗车场应建有封闭的废水回流地沟（图1-20），确保洗车废水都能流入地沟，地沟的出口为过滤槽。

2）初次过滤。初次过滤的目的是吸附、沉淀或除去部分泥沙等粗大颗粒。该工序在过滤槽中进行，过滤槽中设有方解石层、海绵层和净水剂层三道过滤层。然后废水进入沉淀池。

3）沉淀处理。沉淀处理的目的是除去水

图1-20　洗车场的废水回流地沟

中的悬浮颗粒。废水经初次过滤后进入沉淀池进行静态沉淀处理，沉淀池有三个或多个分池相连，每个池中放入适量的方解石和凝絮剂，相邻两个沉淀池在适当高度留有溢水口，以便循环水循序进入一、二、三级或多级沉淀池。经过沉淀处理的废水在水泵的作用下进入过滤塔。

4）净化处理。这是废水的最后一次过滤，经此次过滤的废水基本上可以达到洗车用水的标准。净化处理在过滤塔中进行，废水在塔内依次经过鹅卵石层、方解石层、棕纤维层、海绵层和净水剂层进行净化。过滤出来的杂质沉淀于塔内底层，通过释放阀可将沉淀物排出。净化后的水最后注入蓄水箱，蓄水箱中的水经过一段时间的静置便可再次使用。

上述废水再生利用所需设备和原材料很简单，技术和工艺要求也不高，在汽车美容行业比较适用。

5. 废物的再生利用

1）废漆的再生利用。性能较好的喷漆室能高效地捕集漆雾，让漆雾颗粒被水幕冲洗下来，积聚在水槽中，这种废漆渣可以再生利用。

2）废溶剂的再生利用。若是同一条涂漆线收集的废溶剂，经过滤后可用来调配相同颜色或用做底涂料、中间涂料的稀释剂。

废溶剂的再生方法一般采用真空蒸馏和蒸汽蒸馏，也可用与废溶剂等量的水和乳化剂混合搅拌后静置，颜料与树脂呈胶冻状沉淀在下部分离出来，上部的澄清液作为回收溶剂使用。

二、汽车美容安全防护知识

汽车美容安全防护主要包括两大方面的内容：一是生产作业中不安全因素的分析和预防；二是已发生安全事故的处理。

1. 防火

在汽车美容作业中，尤其是涂料作业中，经常要与涂料和溶剂打交道。涂料和溶剂均属于易燃易爆物品。涂料本身遇明火会发生火灾，而作业中挥发的溶剂蒸气与空气混合，达到一定的浓度，一旦遇到明火即会发生爆炸。易燃和可燃液体的易燃性分级标准见表1-2。

表1-2 易燃和可燃液体的易燃性分级标准

类别		闪点	举例
易燃液体	一级	低于28℃	汽油、苯、酒精
	二级	28~45℃	煤油、松节油
可燃液体	一级	45~120℃	柴油、硝基苯
	二级	高于120℃	润滑油、甘油

（1）火灾和爆炸的主要原因 在汽车美容施工中，涂料、溶剂和其他汽车美容用品均属易燃易爆物品。据资料统计，涂装施工场所发生火灾（图1-21）和爆炸事故的主要原因有以下几个方面。

图1-21 汽车美容店的防火

1）施工现场不具备安全防火的条件，没有通风排气设备，挥发的溶剂不能及时排出，溶剂蒸气达到一定浓度，遇明火即可起火爆炸。

2）电气设备达不到防爆等级，照明灯、电动机、电气开关没有安装防爆装置，电气设备选用不当或损坏未及时维修，照明器具、电动机开关及配线等在危险场合使用，在结构上防爆考虑不充分，有产生火花的危险。

3）浸有油性涂料或溶剂的棉纱、碎布等擦拭物，没有及时清理而长期堆积，由于化学反应会渐渐发热以至达到燃点而自动燃烧。

4）施工人员不遵守防火规则，在涂装现场使用明火或吸烟，而涂料本身遇明火会发生火灾。

5）施工场所没有足够数量的灭火器、沙子及其他防火工具。

（2）防火措施 为消除火灾隐患，应做好以下防火工作。

1）完善防火设施。涂装车间所有结构件都应采用耐火材料制成，并且通风良好。

2）按防爆等级规定安装电器。凡能产生电火花的电器和仪表都不得在施工场所使用。电器和机械设备的超负荷运转引起的过热也是潜在的火灾隐患，施工场所的电线、电缆、起动装置、配电设备、照明灯等都应符合防爆要求，电动工具和电气部分应接地良好。在使用溶剂的场所，闸刀开关、配电盘、熔断器、普通电动机及照明开关应安装在室外。

3）严禁烟火。施工场所严禁吸烟，不准携带火种入内；如必须动用明火，只能在规定的安全区域内进行。车间及仓库都要设立"严禁烟火"的醒目标志，如图1-22所示。

4）防止冲击火花。涂装过程中应尽量避免敲打、碰撞、冲击、摩擦等操作。用铁器开启金属桶、敲击制

图1-22 设立"严禁烟火"的醒目标志

件，甚至鞋底的金属钉与水泥地面摩擦都易产生火花，引起火灾。对于燃点低的涂料或溶剂，开桶时，应用非铁工具（如铜、铝制工具）开启，以免产生火花引起燃爆事故。

5）严防静电产生。在涂装施工中，由于摩擦而产生静电火花，是常常被忽视的隐患。为防止静电事故，施工场所的设备、管道、容器都应安装地线。

6）谨防自燃。浸有油性涂料或溶剂的棉纱、碎布等擦拭物，必须放在指定地点，定期销毁，不允许与涂料及溶剂混放在同一场所。

7）避免积存过多的涂料。施工现场尽量避免积存过多的涂料与稀释剂，不可将盛装涂料的容器开口放置。

8）废料严禁随意排放。废弃的易燃的溶剂和涂料要集中管理，并在安全场所销毁，严禁倒入下水道。

9）备足灭火器材。施工场所必须备有足够的灭火器、沙子及其他灭火工具，并定期检查更换。

10）及时灭火。当燃烧物遇明火发生燃烧时，应使用覆盖物罩上，或使用灭火器扑灭。若发生较大火灾，应立即报警，立即切断电源并关闭运转的设备和邻近车间门窗，防止火势蔓延并组织扑救。

（3）灭火方法及火灾类型　灭火的方法多种多样，但基本原则不外乎以下三个方面。

1）隔离火源原则。即发生火灾时，将火源与燃烧物迅速隔离，使之熄灭。

2）隔绝空气原则。即在燃烧物周围切断助燃的氧气供给，使其自动熄灭，如漆桶着火，用盖子将桶盖住，或将惰性气体（二氧化碳等）喷射到燃烧物上。

3）冷却降温的原则。用冷却液（如水）使被燃烧物的温度降低到着火点以下，即可灭火。

2. 防毒

清洗剂、护理用品、涂料及溶剂大部分都有毒性，在喷涂时所形成的漆雾、涂膜在干燥过程中所挥发出来的溶剂气体通过人的呼吸道或皮肤渗入人体，对人体神经系统和血液系统产生刺激和破坏作用，会造成头晕、头痛、失眠、乏力和记忆力减退等症状，它还能造成人体血液系统的损害，以及引起皮肤干燥、疹痒等症状。为防止发生中毒事故，应采取防护措施。

（1）控制中毒物质浓度　为确保操作人员身体健康，必须采取有效措施控制空气中有害物质的浓度，使空气中的溶剂蒸气浓度降低到最高许可浓度以下。控制空气中有毒物质浓度的具体措施如下。

1）施工现场应有良好的通风和排风换气设备，使空气流通，加速有害气体的散发，使空气中有害气体含量不超过卫生许可浓度。

2）一般不采用循环风，在有害气体浓度不超标的场合才允许部分采用循环风。

3）含有毒材料的尘雾和气体都应经过净化处理后排入大气，排气风管应超出屋顶1m以上。

4）吸新鲜空气点和排废气点之间的距离在水平方向不小于10m。

5）对于毒性大、有害物质含量高的涂料严禁用喷涂法涂装。

（2）采取有效的防毒措施，减少对人的危害

1）限制使用有毒涂料和溶剂，尽量使用无毒或毒性低的涂料和溶剂。例如限制使用苯

类溶剂等。

2）控制有毒涂料的尘雾和气体外逸扩散。如红丹底漆不用喷涂法而用刷涂法。

3）涂装人员在操作时，应穿戴好各种防护用具，如活性炭过滤面罩、防尘口罩、供气式面罩、护目镜、抗溶剂手套、线手套、专用工作服和安全鞋等，不允许操作人员穿着工作服离开车间。涂装作业时的防护器具如图1-23所示。

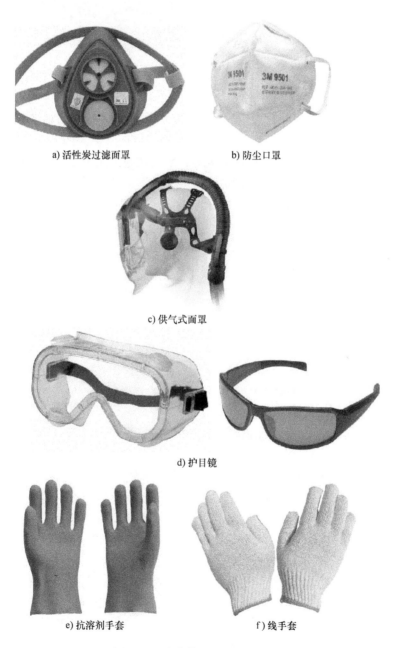

a) 活性炭过滤面罩　　　　　　　　b) 防尘口罩

c) 供气式面罩

d) 护目镜

e) 抗溶剂手套　　　　　　　　f) 线手套

图 1-23　涂装作业时的防护器具

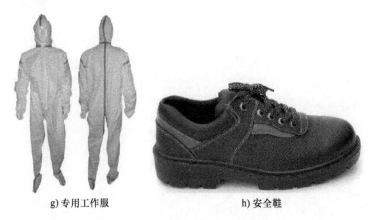

g) 专用工作服   h) 安全鞋

图 1-23   涂装作业时的防护器具（续）

4）施工时，如感头痛、眩晕、心悸、恶心时，应立即离开现场到通风处呼吸新鲜空气，严重的应及时治疗。

5）有毒气体可通过皮肤进入人体造成危害，因此在施工完毕后，要用肥皂洗脸和手。

6）为保护皮肤，施工前可涂以防护油膏，施工后洗干净，再涂抹其他润肤油膏保护。

7）要随时注意个人卫生和保健，不能在施工场所进食、饮水和吸烟，工作服要隔离存放并定期清洗。

8）工作结束后应洗淋浴，换好干净衣服到室外呼吸新鲜空气，还应多喝开水湿润气管，加速排毒。

3. 防电

当人体接触36V以上的电压时，会导致触电事故，产生电击，甚至导致死亡。在汽车美容施工作业时，要杜绝触电事故发生。防触电的基本措施如下。

1）遵守用电设备的安全操作规程。

2）定期检查用电设备工具的接地线、绝缘导线，确保设备工具完好无损。

3）手持式电动工具、照明灯等应使用36V以下的安全电源，使用时戴好绝缘手套。

4）设备维护时一定要切断电源。

5）工具、设备或手上有水或潮湿时，应先进行干燥，然后才能进行施工操作。

4. 其他安全防护

应根据汽车美容各项作业的特点和要求做好其他各方面的安全防护。

1）保护眼睛。在使用清洗剂、油漆、溶剂、冷却液、制动液、蓄电池电解液等物品时，要戴好化学防溅护目镜；在进行焊接时，要戴好焊接面具或焊接护目镜；在进行抛光、研磨等作业时，要戴好护目镜。

2）避免化学烧伤。清洗剂、油漆、溶剂、冷却液、制动液、蓄电池电解液等物品都能烧伤眼睛和皮肤，使用时要戴好绝缘手套，避免与皮肤接触，避免化学烧伤。

3）避免跌伤、碰伤。汽车举升时，一定要保证支承位置正确、可靠。举升后，一定要进行安全支撑防护，确保施工人员的安全。避免车间地沟、湿滑地面造成的人员跌伤、摔伤，避免机器设备造成人员伤害。

三、汽车美容施工安全操作规程

各项汽车美容施工都有具体的安全操作规程，必须在掌握安全操作规程的前提下，才能进行汽车美容施工。

1. 清洗、护理作业安全操作规程

汽车表面清洗、护理中所使用的清洗剂多数都带有一定的毒性和腐蚀性，施工现场的水、电、气等都有一定的危险性。为确保施工安全，人员和设备无损伤，施工人员必须遵守安全施工规则。

1）施工人员必须从思想上重视安全工作，以高度的责任感和严肃的态度认真施工。施工中要树立安全第一、客户至上、精心服务的观念，严格遵守操作规程，杜绝事故的发生。

2）施工人员必须熟悉施工现场及周围环境，了解水、电、气等开关的位置及救护器材的位置，以备应急之用。

3）施工人员必须熟悉施工安全技术，掌握清洗剂的使用方法和急救方法。

4）注意用电安全，地线必须接地，防止漏电，使用电器时要严防触电，不要用湿手和湿物接触开关。施工结束后，要及时切断电源，如图1-24所示。

5）现场施工人员直接接触酸、碱液时，应穿工作服、胶靴，戴防腐蚀手套，必要时应戴防毒口罩。

6）清洗、护理作业现场必须整洁有序，严禁烟火。

7）清洗、护理现场应有消防设备、管路，要有充足的水源和电源，确保施工安全需要。

8）施工中排放的清洗废液应符合排放要求，不许随地乱排放。

9）施工安全工作要有专人负责，定期检查，并不断总结安全施工的经验，确保安全施工。

图1-24 注意用电安全

2. 修补涂装作业安全操作规程

修补涂装施工条件较差，操作者大多在充满溶剂气体的环境中作业，不安全因素较多，操作者应熟知本工种的作业特点和所使用设备的合理操作方法，保证安全施工。

1）施工环境必须有良好的通风条件，若室内施工（特别是喷涂时）则要有良好的通风设备，如图1-25所示。

2）操作前根据作业要求，穿好工作服和鞋，戴好工作帽、口罩、手套和防毒面具。如在用钢丝刷、锉刀、气动和电动工具对金属表面进行处理时，需佩戴防护镜，以免眼睛受伤；如遇粉尘较多，应戴防护口罩，以防呼吸道感染。

3）打磨施工中应注意表面有无凸出毛刺，以防划伤手指。

图1-25 汽车喷涂作业中的安全防护

4）酸碱溶液要妥善保管，小心使用。搬运酸碱溶液要使用专门的工具，严禁肩扛、手抱。

5）登高作业时，凳子要牢固，放置要平稳，不得晃动。

6）施工场地的易燃品、棉纱等应随时清除，严禁烟火，涂料库房要隔绝火源，要有消防用品，设立严禁烟火的标志。

7）施工中排放的清洗废液应符合排放要求，不许随地乱排放。

8）施工完毕后将设备、工具清理干净，摆放整齐，剩余涂料及溶剂要妥善保管，以防溶剂挥发。

9）工作结束打扫施工场地时，用过的残漆、废纸、线头、废砂纸等要随时清理，放置在垃圾箱内。

四、工具设备安全操作规程

1. 电动、气动工具安全操作规程

1）操作人员应熟悉所使用的工具。使用前应检查各零部件是否安装牢固，各紧固件连接是否牢靠，电缆及插头有无损坏，开关是否灵活及观察内部有无杂物。

2）使用前应该检查所用电压是否符合规定，电源应尽量使用220V，如电源电压380V时应检查接地是否良好，并注意地线标记。

3）使用电动工具操作时，应检查是否可靠接地，电线要有胶管保护，检查声音是否正常。

4）使用中如发现有大火花、异响、过热、冒烟或转速不足等现象，应停止使用，修复后再继续使用。

5）工具不用时应保持清洁，存放在干燥处，以防受潮与锈蚀。

6）工具在转动中不得随处放置，需要放置时应关机，停稳后再放下。

2. 涂装车间通风机安全操作规程

1）通风机设备必须由专人负责开动和管理，其他人不得随意开动。

2）操作人员在起动通风机前必须检查电气设备正常后再起动。

3）操作人员必须每天清除电动机及输气管道内的灰尘污垢，以防通道堵塞。

4）通风机在运转过程中如果发现不正常现象应立即停机，将故障排除后再工作。

3. 照明装置安全操作规程

1）施工场地的照明设备应有防爆装置。

2）涂料仓库照明开关应设在库外。

3）各种电气开关均应为密封式，并操作方便。

4）如果使用手持照明灯，必须使用36V安全电压。

第二章 Chapter 2

汽车清洗

第一节　汽车清洗概述

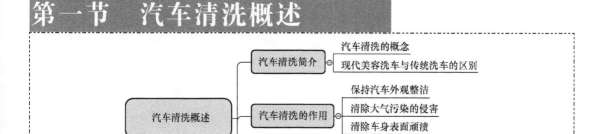

汽车清洗是汽车美容的首要环节，同时也是一个重要环节。它既是一项基础性的工作，也是一项经常性的美容作业。汽车在使用过程中，车身表面及内饰会逐渐沉积灰尘和其他污垢。如果不及时清除这些污垢，不仅影响到汽车的美观、还会诱发锈蚀和损伤。因此，汽车清洗对保持车容美观、延长车辆使用寿命有着重要作用。

一、汽车清洗简介

1. 汽车清洗的概念

汽车清洗是采用专用设备和清洗剂，对汽车车身及其附属部件进行清洁处理，使它保持或再现原有风采的最基本美容工序。

2. 现代美容洗车与传统洗车的区别

（1）目的不同　传统洗车无非是去除汽车表面的泥土、灰尘等，它仅仅洗去了汽车表面上的浮落物，而对黏附在车漆上具有较强氧化性的沥青、树胶、鸟（虫）粪便和嵌入车漆深处的铁粉等是无法去除的。

美容洗车则是在传统洗车的基础上，内涵扩大到清除漆面氧化物和车漆保养的范畴，不仅洗去了汽车表面的浮尘，还用专业技术将黏附在汽车表面上的有害物质除去，就连嵌入车漆深处的铁粉（图2-1）等有害物质也能彻底除去。因此，美容洗车正逐步代替传统洗车。

（2）材料不同　传统洗车是用洗衣粉、肥皂水、洗涤剂洗车。虽然肥皂水、洗衣粉、洗涤剂能分解一些油垢，但会造成车漆氧化、失光，严重时还会腐蚀金属和加速密封胶条的老化。

美容洗车用洗车液洗车。专用洗车液呈中性，用非离子表面活性剂制成，能使污渍分解、浮起而轻松被洗掉，其化学成分不会破坏车漆，对车漆还具有保护作用。

（3）技术不同　传统洗车大多由非专业人员操作（图2-2），无法从技术上保证洗车的效果，而美容洗车的员工都经过严格的正规训练，能熟练地借助现代化的设备和高性能的清洗用品来进行洗车作业，在洗车速度和洗车质量上都大大地超过了传统洗车。

（4）对环境影响不同　如图2-2所示，传统洗车作业场所一般不规范，即随时随地就可实施，甚至是"一人、一桶、一抹布"，这样的洗车不但影响了城市形象，而且清洗产生的泥沙及废水还会造成城市的环境污染，也造成了水资源的浪费。专业美容洗车的作业场所固定，配套设备齐全，将洗车水经过多次沉淀、过滤、消毒和软化处理后反复利用，不仅节约了宝贵的水资源，保护了环境，而且保证了洗车的质量。

图2-1　美容洗车可以除去车漆深处的铁粉　　　　图2-2　传统洗车

二、汽车清洗的作用

汽车清洗是采用净水和清洗剂，通过专用设备和工具，对汽车车身、内室等部位进行的清洁处理，其作用如下：

1. 保持汽车外观整洁

汽车在行驶中经常置于飞扬的尘土中，雨雪天气有时还要在泥泞道路上行驶，车身外表难免粘上泥土，影响汽车的外观整洁。为使汽车外观保持清洁亮丽，必须经常对汽车进行清洗。

2. 清除大气污染的侵害

大气中有多种能对车身表面产生危害的污染物，尤其是酸雨的危害性最大，它附着于车身表面会使漆面形成有色斑点，如不及时清洗还会造成漆层老化。轻微的酸雨可用专用去酸雨材料清除，严重的酸雨需使用专业的设备和清洗剂才能彻底清除。为此，车主应定期将汽车送到专业汽车美容店进行清洗。

图2-3　车身表面顽渍

3. 清除车身表面顽渍

如图2-3所示，车身表面黏附树胶、鸟粪、虫尸、焦油、沥青等顽渍，若不及时清除就会腐蚀漆层，给护理增加难度。为此，车主要经常检查车身表面，一旦发现具有腐蚀性的顽渍应尽快清除；如已腐蚀漆层，必须到专业汽车美容店进行处理。

三、汽车清洗时机

1. 依天气来判断

1）连续晴天时。首先用除尘掸子清除车身的灰尘，再用湿毛巾或湿布擦拭前后风窗玻璃及车窗与两旁的后视镜。一般先清除车顶，再清除前后风窗玻璃、左右车窗、车门，最后清除发动机舱盖及行李箱盖。如果一直为晴天，大约一周做一次全车清洗工作即可。

2）连续雨天时。只要用清水喷洒全车，便可使车上的污物掉落。因为还会再下雨，接下来用湿布或湿毛巾擦拭全车所有的玻璃。但当放晴之后，就得全车清洗一番。

3）忽晴忽雨时。如果遇到此种天气时，就得常常清洗车身，虽然很累人，但为求车身清洁也是不得已。

2. 按行驶的路况来判断

1）行驶在工地或行经工地时。一般车辆都会粘上地面污泥，尤其是行经工地，地上的水泥容易溅起。车辆被溅应立即使用大量清水清洗，以免附着久了伤及烤漆。

2）行驶在海岸有露水或有雾区时。如驱车在海边垂钓过夜，因海水盐分大且又有露水，雾气湿重，倘若回来没有用清水彻底清洗一番，则易使车身钣金遭受腐蚀。

3）行驶在山区有露水或有雾区时。在此种情况下，只要停车后使用湿毛巾或湿布擦拭车身即可。

3. 根据污垢种类确定

1）沥青或焦油。若车身表面附有沥青或焦油（图2-4），无论是对深色漆面还是浅色漆面的车辆，其视觉影响都是很大的，且沥青和焦油都是有机化合物，长时间附着于漆面会出现污斑，特别是丙烯酸面漆的汽车尤为明显。为此，车身表面粘上沥青或焦油必须立即清除。

图2-4　车身表面粘染沥青

2）树胶、鸟粪和虫尸。如图2-5所示，汽车在露天停放，很容易黏附树胶、鸟粪和虫尸等污垢，对此必须及时清除，否则会腐蚀漆层而形成色斑。

3）水泥。汽车在建筑工地上行驶时，车身表面容易沾上路面上的水泥粉（图2-6），也必须及时清洗，以免水泥粉遇水后牢固地附着在漆面上难以清除。

图2-5　鸟粪粘到汽车上

图2-6　车身表面沾染的水泥粉

第二节　汽车清洗剂及常用清洗设备和工具

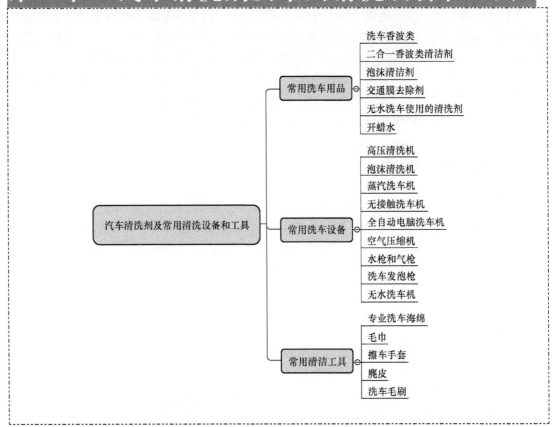

一、常用洗车用品

清洗汽车应使用专用的汽车车身清洗剂，按照规定进行配制。现在常用的汽车外部清洁产品具备以下特点：具有超强的渗透清洗能力，能快速清除汽车油漆表面的沥青、尘垢以及新染的漆点等顽固污渍，令车辆光洁如新。

1. 洗车香波类

洗车香波也叫汽车香波（或清洁香波、洗车液），市场上产品一般已形成系列（图2-7）。香波类洗车剂含有表面活性剂，有很强的分解能力，能有效地去除车身表面的油污和尘土之类。有的产品含有阳离子表面活性剂成分，能去除车身携带的静电和防止交通膜的形成。香波类洗车剂性质温和，呈中性，不破坏蜡膜，不腐蚀漆面，液体浓缩（使用时按比例加水稀释），泡沫丰富，使用便利而经济。

2. 二合一香波类清洁剂

二合一香波类清洁剂含水蜡成分，集洗车与上光于一体，在洗车的同时也为车漆涂上一层薄薄的蜡膜，增加车身亮度。因此有时部分产品也被称为洗车蜡水（图2-8），适用于车身比较干净的汽车，洗车之后直接用毛巾擦干，再用无纺棉轻轻抛光。

图 2-7 洗车香波

图 2-8 洗车蜡水

3. 泡沫清洁剂

泡沫清洁剂（图2-9）主要用于向泡沫清洗机中添加，这样可以大幅度降低洗车成本。泡沫清洗机的高压储液罐中泡沫剂和水的体积配比比例一般为1:（120～180）。具体比例视泡沫清洁剂产品的泡沫率和清洁力而定。添加泡沫清洁剂之后一定要晃动泡沫清洗机1～2min，促使泡沫清洁剂和水充分混合，以防泡沫量不够。

图 2-9 泡沫清洁剂

4. 交通膜去除剂

汽车经过一段时间的行驶，由于车身静电吸附灰尘，时间久了形成一层坚硬的薄膜（交通膜），使原来艳丽的车身变得暗淡无光。这层交通膜可以用交通膜去除剂（图2-10）按一定比例稀释后，将其喷到车身上，过一段时间后用高压水枪冲干净就可以轻松去除。

5. 无水洗车使用的清洗剂

1）无水亮洁剂。无水亮洁剂（图2-11）是新一代汽车美容养护产品，内含强力渗透剂、悬浮剂、棕榈蜡、表面活性剂等多种成分。车身表面喷上无水亮洁剂后，渗透剂会快速渗透到污渍的下面软化污垢；同时悬浮剂可有效使污渍与车漆产生间隙，在沙土颗粒和车漆之间形成保护层；棕榈蜡会包裹在污垢的周围使污渍与车漆隔离，再利用表面活性剂去除污渍，并增加漆面光洁度。使用无水亮洁剂实现了清洁、打蜡、上光一次完成，同时具有防紫外线、抗静电等多种功能。

2）玻璃清洗防雾剂。无水洗车用的玻璃清洁防雾剂（图2-12），可做到高效去污、抗静电、防雾、防冻，长期使用可保持玻璃透明度，并防止反光。

图2-10　交通膜去除剂　　　图2-11　无水亮洁剂　　　图2-12　玻璃清洁防雾剂

3）轮胎清洗增黑剂。如图2-13所示，无水洗车所用的轮胎翻新剂，可以防止轮胎龟裂，延长其使用寿命，使轮胎保持黑亮如新。

6. 开蜡水

开蜡水（图2-14）主要用于新车脱蜡或旧车清洗脱蜡，因此又被称为脱蜡水或脱蜡剂。脱蜡剂有很强的分解能力，可用于新车开蜡和旧车美容前除蜡，同时又能有效地去除漆表面的沥青、油污等顽渍。此类用品属柔和型溶剂。

图2-13　轮胎清洗增黑剂

二、常用洗车设备

常用的洗车设备主要有高压清洗机、泡沫清洗机、蒸汽洗车机、无接触洗车机、全自动电脑洗车机、空气压缩机、水枪和气枪、洗车发泡枪、无水洗车机等。

1. 高压清洗机

高压清洗机主要用于汽车外表、发动机、底盘和车轮等的清洗，是现代汽车美容的必备工具之一。它使用普通的自来水为水源，通过其内部的电动泵再加压，输出的水流压力可以按需要进行调节。压力大时，能将黏附于底盘

图 2-14　开蜡水

上的泥土冲洗下来。而冲洗风窗玻璃和钣金部分时，水压可调小一点，以免造成损伤。

高压清洗机分为高压冷水清洗机和高压冷/热水两用清洗机，如图 2-15、图 2-16 所示。前者用于气温较高的南方一带；后者除了提供常温的高压水外，还增加了电加热装置，可调节输出高压水的温度，清洁效果更好，但能耗大，一般仅适于冬季寒冷的地区使用。高压清洗机的种类很多，性能不一，价格差别也较大。高压冷/热水两用清洗机一般由水泵、加热装置和传动机构等组成。配套的部件主要有进水软管和出水软管、各种规格喷枪、刷洗用的毛刷等。

图 2-15　高压冷水清洗机

图 2-16　高压冷/热水两用清洗机

2. 泡沫清洗机

泡沫清洗机为汽车美容清洁用的主要设备之一，有气动和电动两类。它与高压清洗机的不同之处在于其输出的水不但可以增压，而且还能加入专用的清洗剂，通过压缩空气（由空气压缩机提供），使清洗剂泡沫化，然后从泡沫喷枪喷出，喷枪能将泡沫状的清洗液均匀地涂敷于车身外表，密集的泡沫容易捕集污垢粒子，通过化学反应，起到极佳的除尘和去油污作用。图 2-17 所示为气动泡沫清洗机。

泡沫清洗机的主要操作要领如下：

1）打开加水阀和排气阀，加入清水，以水柱标高为准，然后按比例加入清洗剂。

2）关好加水阀和排气阀，然后用快速接头接上空气压缩机，再将工作气压调至 245kPa（压力开关顺时针为增加压力，逆时针为减小压力）。

3）以上工作准备好后，开动空气压缩机，当压力表压力升至245kPa时，打开喷枪阀开关，即可喷射出泡沫。喷射距离为5~7m，喷射距离可用压力来调节。

3. 蒸汽洗车机

蒸汽洗车机是一种能够产生足够压力和气量的蒸汽以用于清洗汽车的设备，如图2-18所示。

蒸汽清洗为柔性清洗，利用蒸汽热降解原理，用柔和的蒸汽将附着在汽车表面的污垢结合、软化、膨胀、分离，再用干净抹布将剩余的污垢和少许的水渍去除；蒸汽清洗有助于漆面的保护、缝隙的清洗，并且含水量少，不损伤电路，能够有效清洗汽车发动机、仪表板、空调口等部位；一边用蒸汽冲，一边擦干，一个流程就能顺利清洗完汽车，操作更加简单、快捷。

蒸汽清洗工作效率高，单人10min清洗一辆汽车，是最有利于汽车车漆保护及环境保护的清洗方式。

图2-17　气动泡沫清洗机

图2-18　蒸汽洗车机

4. 无接触洗车机

无接触洗车机是指依靠高压水喷射、多种洗车液配合来完成洗车全过程的一种洗车方式，如图2-19所示。无接触洗车机的优点在于机器结构简单，投资小；单纯洗车比人工洗车机速度快，效率高；缺点是属于半自动产品。无接触洗车机的主要操作步骤：清洗剂泡沫→清洗→烘干→人工。洗车时间大体为15min。

图2-19　无接触洗车机

现在国内的大部分无接触洗车机一般都只是重点清洗车的两侧。对于车头和车尾，基本上都是高压水冲洗的时候，顺带湿润一下，并不能去掉全部灰尘。当然有些洗车机也能够解决这个问题，但是还是需要人工擦拭一下。

5. 全自动电脑洗车机

全自动电脑洗车机（简称自动洗车机）是一种通过电脑设置相关程序实现自动清洗、打蜡、风干等工作的机器，主要由控制系统、电路、气路、水路和机械结构构成。全自动电脑洗车机技术先进，造型美观，有多种全自动洗车程序可供选择。它通过光电系统检测，经电脑分析计算出各种动作的最佳位置和力度，达到最佳的洗车效果。

全自动电脑洗车能自动闪避后视镜、旗杆等，确保汽车安全；电脑洗车洗净力强、含水量大、不伤车，对车身油漆的磨损程度为手工洗车的30%以下，电脑洗车刷压力均匀、洗车速度及方向稳定。测试结果表明：电脑洗车50次后车身油漆磨损小于 $3\mu m$，而人工洗车磨损大于 $10\mu m$。

全自动电脑洗车机分为往复式洗车机和隧道式洗车机两大类。

1）龙门往复式洗车机。一般国际习惯称之为往复式洗车机，如图2-20所示。往复式洗车机的特点是汽车停在固定的位置不动，洗车设备根据车型来回往复运动。能实现自动冲洗底盘、自动喷电脑洗车机专用洗车液和水蜡、自动仿形刷洗、自动仿形风干。往复式洗车机是真正的全自动洗车机，占地面积小，投资成本低，但洗车速度较慢，比较适合小型洗车厂或者是洗车量较小的地区使用。

2）隧道式洗车机的优点是洗车速度快，而且可以连续洗车。缺点是对场地要求严格；

图2-20　往复式洗车机

前期场地施工时，耗资也比较大一些；耗水、耗电也比较多。隧道式洗车机如图2-21所示。

图2-21　隧道式洗车机

隧道式洗车机的洗车方式是汽车驶入输送机定位，由输送机推杆推动车辆的前轮前进，进行冲水、洗车、打蜡、风干等流程。当前一台车推进离开输送机定位后，第二台车即可驶入定位，做同上动作。这样连续流水线的洗车方式，能够快速完成冲水、洗车、打蜡、风干等作业，如图 2-22 所示。

图 2-22　隧道式洗车机的洗车流程

6. 空气压缩机

空气压缩机是汽车美容护理以及维修的通用设备之一，应用范围很广，如图 2-23 所示。空气压缩机在汽车美容护理方面主要用于提供充足的达到预定压力值的高压清洁压缩空气，以确保汽车美容护理作业车间所有的气动设备都能有效工作，如高压泡沫机、喷枪、气动打磨机、气动抛光机、钣金件的干燥除尘设备等各种气动工具以及轮胎充气等。

图 2-23　空气压缩机

7. 水枪和气枪

水枪作为高压清洗机的附件与高压清洗机配套使用，是重要的清洗设备，种类较多：有的带快速接头，可作快速切换；有的带长短接杆，令使用更为方便。高级水枪带喷水压力和喷水形状调节。在汽车清洗中应用高压水枪，不但可以提高清洗作业的质量，极大地保护漆面，同时也提高了清洗作业的效率。图 2-24 为常见的水枪外形。

气枪与空气压缩机配套使用，是重要的清洗、除尘设备，有的气枪带有快速接头，可快速切换。气枪通常为外购件，不随空气压缩机附送。图 2-25 为常见的气枪外形。

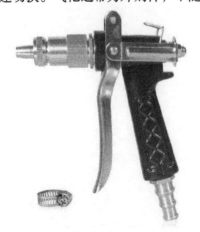

图 2-24　水枪

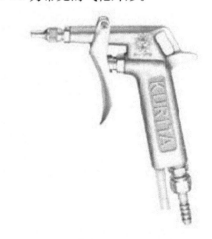

图 2-25　气枪

8. 洗车发泡枪

　　洗车发泡枪是专业的低压泡沫洗车工具，通过灵活的组合方式，实现喷洒洗车水蜡和低压软水冲洗车辆，如图2-26所示。汽车发泡枪的优势在于杜绝高压水柱对汽车漆面造成的损害，节省场地和设备，提高洗车档次和效率。

9. 无水洗车机

　　无水洗车也叫做微水洗车。无水洗车机主要的设备包括一台洗车机及若干塑料软管与喷头，如图2-27所示。

图2-26　洗车发泡枪

图2-27　无水洗车机

三、常用清洁工具

　　在进行汽车清洗作业时，根据汽车表面各部位的材料质地、形状的不同特点，选用合适的清洁工具。常用的清洁工具包括专业洗车海绵、毛巾、擦车手套、麂皮、洗车毛刷、除尘掸等。

1. 专业洗车海绵

　　如图2-28所示，这种海绵柔软、弹性好、吸水性强，清洗汽车时能使沙粒或尘土很容易被吸附于海绵的气孔之内，这样可以避免因擦洗工具过硬或不能包容泥沙而给车身表面造成划痕，有利于保护漆面及提高作业效率。使用前，让海绵吸入适量已经配好的洗车液，这样有利于清除车漆上附着力较强的污垢。

2. 毛巾

　　毛巾（图2-29）是人工清洗和擦拭汽车不可缺少的工具。专业汽车美容场所需准备多块毛巾，包括大毛巾、小毛巾、湿毛巾、半湿毛巾和干毛巾等。大毛巾主要用于车身表面的手工清洗和擦拭；小毛巾主要用于擦洗车身凹槽、门边及内饰部件等处的污垢；湿毛巾、半湿毛巾和干毛巾在清洗、擦拭车窗玻璃时应结合使用。为保证清洗效果，在擦拭过程中不应有细小纤维的脱落，为此普通毛巾就难以满足要求，一般在洗车中所用的毛巾都是用无纺布制成的。

图 2-28　专业洗车海绵

图 2-29　毛巾

3. 擦车手套

如图 2-30 所示，擦拭车身时戴在手上便于操作，同时又可利用手套上的绒毛吸纳灰尘，避免划伤漆面。

图 2-30　擦车手套

4. 麂皮

如图 2-31 所示，麂皮主要用于擦干车表面。麂皮的质地柔软，有利于漆面的保护，具有良好的吸水能力，尤其是对车身表面及玻璃水膜的清除效果极佳。在洗车作业中，一般先用毛巾对车表面吸水擦干后，再用麂皮进一步擦干，以利于延长麂皮的使用寿命。另外，在选用麂皮时，尽可能选择皮质韧性好、耐磨性好、较厚的麂皮。

图 2-31　擦车用麂皮

5. 洗车毛刷

如图 2-32 所示，洗车毛刷主要用于轮胎、挡泥板等处附着的泥土等污垢的清除。因为上述部位附着的泥土较厚，一般不易冲洗干净，所以在洗车时要用洗车毛刷有针对性地进行刷洗。

图 2-32　洗车毛刷

第三节　汽车清洗工艺

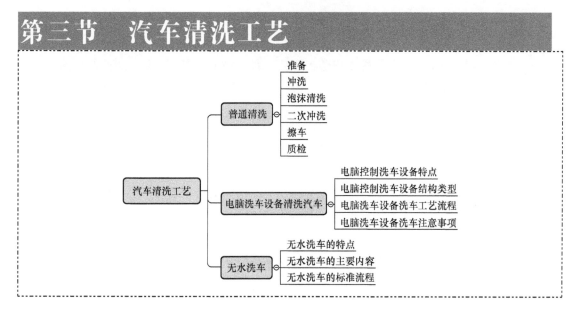

一、普通清洗

普通洗车主要是用自来水进行汽车冲洗，洗车前要准备好高压洗车机、刷子、毛巾、海绵及备用水桶等清洗工具，如图 2-33 所示。人工高压水枪洗车要配合擦洗和刷洗，清除汽车表面的尘土和污垢。人工高压水枪洗车简便易行，成本低，但清洗效果不稳定，质量不易控制。

目前，汽车美容店洗车以高压水枪洗车为主。通常规范的洗车步骤应该包括准备、冲洗、泡沫清洗、二次冲洗、擦车和质检等六个步骤。注意车身擦干后，通常应根据客户要求对汽车进行护理作业。

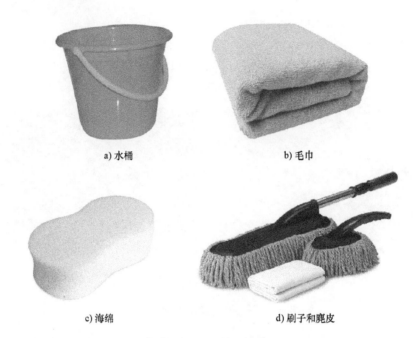

a) 水桶　　　　　　　　　　　　b) 毛巾

c) 海绵　　　　　　　　　　　　d) 刷子和麂皮

图 2-33　人工洗车用品

1. 准备

1）如图 2-34 所示，人员着洗车服装，穿防滑鞋，摘下手表和戒指，以防刮伤漆面。

2）调试高压清洗机，并准备好毛巾、麂皮、洗车香波、泡沫清洁剂等洗车工具和洗车用品。

3）操作者引导车主把待清洗的汽车开到洗车的停车位置并停放平稳，拉紧驻车制动器操纵杆，将发动机熄火，关好车窗和车门，车内不要留人。

2. 冲洗

首先调整水枪的压力，然后打开高压水枪开关，用水枪从车顶向下将粘在车身表面的泥沙冲洗掉。要按顺序进行，避免有漏掉的部位。如果车身较脏，可以反复冲洗，如图 2-35 所示。

图 2-34　洗车人员着装标准

图 2-35　冲洗

冲洗的顺序：从车顶的门缝结合线向另一侧冲水→车侧窗、车身腰线上半部→车前窗→车发动机舱盖→车灯及进气格栅→前保险杠→车前弧旋、轮胎→车身腰线下部→车后窗→行李箱盖→车后弧旋、轮胎→后保险杠→车侧窗→车身上半部→车前弧旋、轮胎→车身下部→车后弧旋、轮胎。

提示：轮胎部分要反复冲洗才能冲洗干净。

3. 泡沫清洗

将配制好的洗车液涂于车身表面，一般有三种方法。

1）用泡沫清洗机清洗。用泡沫清洗机将清洗剂与水混合变成泡沫，并在高压下将泡沫喷到车身外表，每个部位都要喷到，浸润几分钟，依靠泡沫的吸附作用，使清洗液充分地渗透于车身表面的污垢。

2）用洗车海绵蘸洗车液清洗。将清洗液与水按说明书规定的比例混合，用洗车海绵蘸上清洗液从前向后有顺序地将车身擦一遍，如图2-36所示。打泡沫的顺序：车顶→后窗玻璃→侧窗玻璃→前风窗玻璃→发动机舱盖→车灯及进气格栅→翼子板→车身腰线上部→行李箱盖→车尾灯→后保险杠→车身腰线下部→前保险杠。

3）用洗车发泡枪清洗。准备一个20L的空容器，将400～600mL的洗车香波兑约20L水稀释，将稀释后的洗车香波倒入发泡枪的罐子里，然后将发泡枪直接接在自来水水管上，按动扳机，就会有大量的高性能泡沫喷到车身上，如图2-37所示。这种方法在洗净车身的同时灰尘和沙土可以被泡沫包裹起来，不会对车造成划痕。

图2-36　泡沫清洗

图2-37　用洗车发泡枪清洗

4. 二次冲洗

如图2-38所示，擦洗完毕待泡沫消失后，再用高压水枪将车身表面泡沫及污水冲洗干净。冲洗顺序同步骤2，但这时应以车顶、车身上部和中部为重点。

5. 擦车

先用专用的吸水毛巾将整个车身表面进行擦干处理，如图2-39所示。擦好后再用气枪将车身缝隙中的积水吹干净，如图2-40所示。特别注意的部位是门边密封条、门把手钥匙孔、后视镜、油箱盖、尾标、前照灯缝隙、行李箱钥匙孔，避免在车辆行驶中水再次流出，弄脏车身。最后再用干毛巾均匀地将整个车身擦拭一遍，将车漆擦出光亮来。

图 2-38　高压水枪冲洗车身

图 2-39　吸水毛巾擦干处理

6. 质检

1）自检。在验收前，操作者应提前做好准备，按验收标准，自行检查验收一次。看清洗是否有遗漏，是否达到了标准要求。外部饰件应无尘土、无污垢、无水痕；玻璃应光亮如新，无划痕。如发现存在问题，应及时补救处理，以便顺利通过验收。自检时，尤其要对发动机边沿及内侧、车门边沿及内侧、车门把手及内侧、油箱盖内侧、车身底部、轮胎及排气管等处进行重点检查。

2）共同检查。由车主、质检员和操作者三方参加对汽车清洗效果进行检查验收。

图 2-40　用气枪将车身缝隙中的积水吹净

二、电脑洗车设备清洗汽车

1. 电脑控制洗车设备特点

电脑控制洗车设备是利用电脑对毛刷和高压水实施控制来清洗汽车的一种设备，其特点是：

1）高效省时。人工简单清洗一辆车通常要花费 25min，而电脑控制洗车设备 1min 左右即可清洗一辆车。

2）不伤漆面。据测试，电脑洗车 50 次后车身油漆磨损小于 3μm，而人工洗车磨损大于 10μm。

3）耗水量少。电脑洗车设备一般都能对水进行循环利用，通常人工清洗一辆车用水量 50L 左右，而配备污水循环净化器的电脑控制洗车设备清洗一辆车仅耗水 0.7L 左右。

2. 电脑控制洗车设备结构类型

电脑控制洗车设备主要由电脑控制装置、电路、气路、水路、机械结构和控制机构组成，按其工作方式可分为固定式和移动式两种。

所谓固定式，就是洗车机不动，汽车缓慢通过洗车机的工作区域，洗车机按照相应的指令程序清洗汽车的工作方式，如隧道式连续汽车清洗机、大（中、小）型通道式汽车清洗机等。

所谓移动式，就是汽车不动，洗车机按照一定的程序在导轨上来回移动，同时执行洗车指令的工作方式，如往复式汽车清洗机、大（中、小）型移动式汽车清洗机等。

3. 电脑洗车设备洗车工艺流程

以隧道式电脑洗车设备为例，其洗车工艺流程如图 2-41 所示。

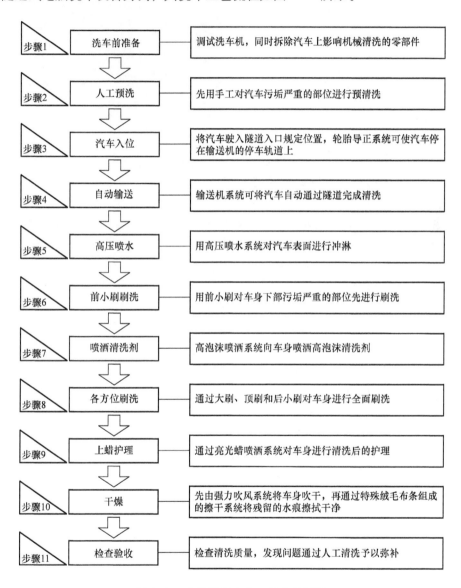

图 2-41　电脑控制洗车工艺流程框图

4. 电脑洗车设备洗车注意事项

1）汽车驶入洗车设备时，必须停在规定的停车位置。

2）洗车时，车内不要留人。

3）刚洗完的车，车轮上还有水分，行驶时速度要慢，以防灰尘再附着在车轮上，最好是待车辆彻底干燥后再起动行驶。

三、无水洗车

1. 无水洗车的特点

无水洗车（图2-42）是近年兴起的一种新的洗车方式，是采用物理清洗和化学清洗相结合，针对车漆、玻璃、保险杠、轮胎、皮革、丝绒等不同部位、不同材料使用不同的产品进行保养，可以在彻底清洁污垢的同时使汽车得到有效的保养。相比之下，水洗就没有这个优势。无水洗车含有悬浮剂，喷上后会快速渗透，可有效使污渍与车漆产生间隙，在沙土颗粒和车漆之间形成保护层，同时棕榈蜡会包裹在污垢的周围使污渍与车漆隔离，再利用表面活性剂去除污渍，用湿

图2-42　无水洗车

毛巾轻轻一擦就掉了，因此不会划伤车漆，同时产品含有的多种高分子漆面养护成分、增光乳液、巴西棕榈蜡等能保护车漆、防静电、防紫外线、防雨水侵蚀、防车漆老化，有效地抵挡雨、雪、风、沙等对车体的伤害，并保护车漆镜面光泽不受损坏。

2. 无水洗车的主要内容

1）车身清洗。先用除尘掸从上到下掸去车身浮面尘土沙粒，如果车身有过脏的地方，就喷洒上少量清水，用布擦拭；然后将无水亮洁剂分段喷在车身上，再用一块海绵沿同一方向进行均匀擦抹，不要来回擦；最后用干的不脱毛毛巾在车身上以螺旋方式进行抛光。

提示：车身如遇到沥青、鸟粪等污渍，可将车身清洗剂喷在车身污渍处，不要立即用毛巾擦拭，等3~5min，待清洗剂浸透再擦拭，这样效果更好。

2）轮胎清洗。先用刷子刷掉轮胎上的尘土，再用轮胎清洗剂对着轮胎喷涂一圈即可，也可以用海绵擦抹。

3）玻璃清洗。将玻璃清洗剂喷在抹布上，数量不宜太多，然后擦拭汽车玻璃，以达到去污、防雾、防冻等多种作用。

提示：清洗玻璃时如产生糊状物质，主要原因是清洗剂用得太多，可用干毛巾擦洗。

3. 无水洗车的标准流程

1）网上下单，上门服务。如图2-43所示，可以网上下单，上门服务，也可以到无水洗车店进行到店洗车。

2）如图2-44所示，进行发动机的清洗。使用专用的毛巾清洁发动机，配用钛瓷膜5号。

3）加玻璃清洗液。添加玻璃清洗液（图2-45）及检查胎压。

4）清洗轮毂及轮胎。如图2-46所示，使用专用毛巾，用钛瓷膜4号清洁轮毂，用钛瓷膜5号清洁轮胎。

5）使用专用的洁车器和纳米技术清洁产品打蜡。使用钛瓷膜护理机和钛瓷膜护理膏进

行车身表面镀膜（图2-47）。将钛瓷膜护理膏涂在车身油漆表面上，起动钛瓷膜护理机使其与漆面大约成30°角压过钛瓷膜进行镀膜。

6）上光。如图2-48所示，将钛瓷膜1号喷到毛巾或直接喷到车漆面上进行上光。

图2-43　网上下单，上门服务

图2-44　发动机的清洗

图2-45　添加玻璃清洗液

图2-46　清洗轮毂及轮胎

图2-47　使用专用的洁车器和纳米技术清洁产品打蜡

图2-48　上光

7）脏处去污。利用钛瓷膜3号多功能去污液清理比较难清洗（图2-49）的地方。

8）清理脚垫。如图2-50所示，拿出所有的脚垫放在防尘布上，使用吸尘器把垃圾吸走。将钛瓷膜3号喷到脚垫表面，使用专用的刷子和毛巾清理干净后放回原位。

图 2-49　脏处去污

图 2-50　清理脚垫

9）清理车内。如图 2-51 所示，使用专用仪器把室内的垃圾颗粒都吸走。

10）擦拭与检查。如图 2-52 所示，使用专用毛巾擦拭并查看整车表面及边缝是否擦拭干净或有无漏擦现象。

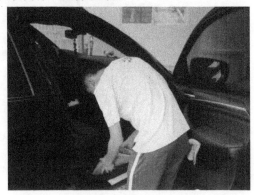

图 2-51　清理车内

图 2-52　擦拭与检查

11）清理行李箱。如图 2-53 所示，使用气枪把行李箱内灰尘吹走，使用相应产品及毛巾擦拭。

12）清理玻璃。如图 2-54 所示，将钛瓷膜 2 号喷到玻璃上，使用专用毛巾进行清洁。

图 2-53　清理行李箱

图 2-54　清理玻璃

13）镀膜及真皮上光。

① 整体、每个角落，尤其是后视镜、门把手下方、车轮是否干净。

② 整体是否光滑（图2-55）。

14）无水洗车后整体效果展示。如图2-56所示，无水洗车完毕漆面非常有光泽，像新车一样，且光泽持久，防静电及高活性水。

有水洗车只是把车的灰尘冲干净，洗完以后发出一种很暗的哑光，而无水洗车在清洁的同时也给车打蜡，因此洗后非常有光泽，焕然一新。

图2-55　镀膜后的效果

图2-56　无水洗车后整体效果展示

第三章 Chapter 3

车 表 美 容

第一节　新车漆面护理

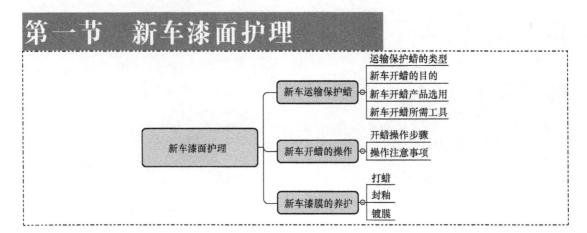

一、新车运输保护蜡

汽车生产厂商为了把新下线的车辆安全地运往销售地，使销售商卖给用户的车辆是崭新且没有漆膜损伤的，在运输前会往车身漆膜上喷涂一层保护蜡，这就是运输保护蜡。

1. 运输保护蜡的类型

不同的封漆蜡在开蜡时应选用不同的开蜡用品，因此在开蜡操作前必须正确判断封漆蜡的类型。目前，汽车生产厂家常用的保护性封漆蜡主要有以下几种。

（1）油脂封蜡　油脂封蜡多为国内合资厂家生产，车体蜡壳呈半透明状态，多用于长途海运的出口汽车。它可提供蜡壳极硬的保护层，即使碱性极高的海水飞溅于涂有封蜡的车体表面，也不能对其造成任何损害，并可防止大型双层托运车在途中遇到树枝或其他人为所造成的轻微损伤，保证了新车在出厂后一年内不受其他有害物质的侵蚀。

（2）树脂封蜡　树脂封蜡以进口产品居多。车体蜡壳呈亚透明状态，主要用于本国短途运输的汽车。它可为车身提供一年以上良好的硬质保护层，这层保护膜在厚度上大概是油脂封蜡的三分之一，能防止运输新车过程中人为刮蹭所造成的划痕现象，但无法抵御海水的侵蚀，因此这种树脂封蜡不适合在海洋运输中为汽车提供防止碱性物质侵蚀的保护层。

2. 新车开蜡的目的

当新车被送到目的地时，需要将运输保护蜡去掉，然后再出售。去掉车身保护蜡的工作称为"新车开蜡"（图3-1）。新车开蜡的目的如下：

1）新车保护蜡影响汽车漆面光泽。新车保护蜡一般属于低档蜡，其透明度低，加之覆盖层较厚，原车的光泽有80%左右被遮盖。因此，这种状况的汽车无法正常使用，必须进

图 3-1　新车开蜡

行开蜡作业。

2）新车保护蜡若不除去，当汽车运行时，尘埃极易附着于车身表面，且不易清洗。这是因为新车保护蜡含油脂成分较多，易黏附灰尘的缘故。使用未经开蜡的新车时，会给日常清洗作业带来麻烦。由于新车保护蜡的黏附作用，车表的尘埃及污物不易清除。

3. 新车开蜡产品选用

开蜡产品应根据运输保护蜡的具体类别而选用。

1）油脂开蜡洗车液。如图 3-2 所示，市场上 80% 的产品属于非生物降解型溶剂，主要原料提炼自石油，为强碱性药剂，因此使用时应注意劳动保护。

2）树脂开蜡洗车液。如图 3-3 所示，树脂开蜡洗车液属于多功能轻质水溶性清洁剂，含有树脂聚合物的溶解元素，渗透性较好，使用起来比较安全。

| 图 3-2　油脂开蜡洗车液 | 图 3-3　树脂开蜡洗车液 | 图 3-4　强力脱蜡洗车液 |

3）强力脱蜡洗车液。如图 3-4 所示，强力脱蜡洗车液属于生物降解型产品，主要提炼

自天然橙皮，并含有阴离子表面活性剂，泡沫丰富，分解性较好，有强力的去油污功能，对车漆也不会造成损害，但成本较高。

注意：新车开蜡要特别注意所使用的产品，选择不当会对车漆造成严重的损坏。许多洗车房用煤油或汽油作为开蜡剂，虽然把运输保护蜡开掉了，但给新车面漆造成了细微划痕，有损于漆膜的装饰效果，增加了消除细微划痕的护理美容工序，使新车面漆受到了一定程度的损伤。

4. 新车开蜡所需工具

1）专用洗车海绵。

2）高密度纯棉毛巾。车体清洁后表面有可能仍存有少量泥沙，纯棉毛巾因质地比较柔软，在开蜡过程中不致对漆面造成影响外观效果的较大损伤，因此纯棉毛巾是开蜡过程中必不可少的重要工具之一。

3）防护眼镜。佩戴防护眼镜可以防止施工中毛巾擦洗车体时药剂飞溅入眼。如有类似现象发生，应立即用清水冲洗，情况严重者应马上就医。

4）橡胶手套。因多数开蜡液属于轻质性煤油类产品，渗透分解性极强，有害于皮肤，所以应采取一定的防护措施，如使用橡胶手套。

二、新车开蜡的操作

1. 开蜡操作步骤

（1）高压冲洗　首先用高压水枪对车身表面进行冲洗，将黏附在车身上的树叶、泥沙、尘埃等污物冲洗掉。冲洗的顺序与高压水洗车相同。

（2）喷洒开蜡水　将开蜡水按比例倒入手动喷壶或气动喷雾器内，然后均匀喷洒于车漆表面，保持5min左右，使开蜡水完全渗透并溶解蜡层。喷洒应确保每个部位都被溶液覆盖，不要遗漏边角缝隙，如图3-5所示。

图3-5　喷洒开蜡水

（3）擦拭　用干毛巾或无纺布擦拭车身表面。

（4）冲洗　用专用汽车清洗液洗车，最后用高压水枪对车身表面进行冲洗。

（5）擦干　用毛巾将车身擦拭两遍，吸去多余的水分，再用麂皮擦干漆面、玻璃、车门边沿及内侧、保险杠等处的多余水分，最后用气枪把缝隙和接口处的水分吹干。

2. 操作注意事项

1）进行开蜡操作前，必须将全车外表清洁，以免操作时因车体携有沙粒给漆面造成划痕。这时不要使用洗车液，以免造成无谓浪费。

2）开蜡中所使用的毛巾应不断清洁，以保证清除掉的封蜡不会太多地存留在毛巾上而不便继续施工。

3）如在擦除封蜡过程中听见"吱吱"的响声，应立刻停止施工，说明毛巾中存有沙粒，清洗干净后才可使用。

4）封蜡留于车体表面两年以上的车辆，应在开蜡后进行抛光，然后打蜡。

5）因开蜡后新漆膜暴露在外，极易受到氧化，所以应使用耐候性较好的新车保护蜡进行上光。

6）必须按新车和开蜡产品的要求，正确选用操作方法，以保证开蜡效果。开蜡水喷施一定要均匀，边角缝隙处千万不可忽视；将开蜡水喷涂于漆膜上之后，要使其有一定的"软化"时间，然后再冲洗掉或擦拭掉残蜡。

7）新车开蜡，必须了解新车运输保护蜡的类别，以便采取相应的方法开蜡。

三、新车漆膜的养护

新车从下线时，就处于自然环境之中，会受大气中的二氧化碳、环境中的油垢、酸雨、酸雾等有害物质的侵蚀。新车买来之后的第一件事就是对新车进行开蜡，新车开蜡之后，漆面就失去了保护层，此时应及时对漆面进行养护，否则不出一年车漆就会粗糙、失光。因此，必须对新车漆膜进行适当养护，才能保持新车锃亮鲜丽的色彩。目前最常见的漆面养护方法有以下几种。

1. 打蜡

目前新车漆膜养护，最常见的就是在漆膜的表面进行打蜡抛光护理，打蜡可以对车漆起保护作用，防雨、防酸、防紫外线等，并使车漆表面有好的光泽，但不能消除污垢和发丝划痕，如图 3-6 所示。

图 3-6　新车打蜡

如图 3-7 所示，新车漆保护所使用的蜡不是普通的蜡。它有两种：一种叫新车保护蜡，另一种叫上光保护蜡，这是两种完全不同的蜡。

（1）新车采用新车保护蜡进行养护　新车保护蜡的特有功能是由于其中含有大量的高分子聚合物成分（主要是特氟龙），具有很强的防水、抗氧化、抗腐蚀功能，涂抹一次，一般可保持一年之久。这种车蜡在日常洗车时不会被洗掉。在新车开蜡后，应及时使用这种产品进行新车漆膜保护。

（2）新车漆膜的日常护理　日常洗车后的护理可使用上光保护蜡。上光保护蜡是一种

图 3-7　新车保护蜡和上光保护蜡

柔和性蜡，一般里面没有抛光剂，是水溶性物质，只能作为一般护理，保持时间不长，在日晒和洗车过程中容易流失，而且经常打蜡还会腐蚀车漆，使原本的保护适得其反。一般销售商采用新车上光保护蜡护理，其目的是提高漆膜光泽、吸引顾客，而投入较少。

> **注意**：新车打蜡一定要用新车保护蜡或上光保护蜡，也就是不含抛光磨料的蜡，否则会对新车漆造成涡状划痕。

2. 封釉

为了克服车蜡产品的弱点，封釉美容应运而生，如图 3-8 所示。釉的硬度高于蜡，汽车封釉后，在一定时间内能保护漆面无划伤和擦痕，还具有抗氧化、耐高温、防褪色、防酸碱、防静电、抗高温和抗紫外线等功能。而且釉有一定的防水性，手感光滑，防护时效可以达到一年。

3. 镀膜

镀膜能去除车上原来的划痕和不均匀亮点，同时在漆面上形成纳米级的保护层，使车漆完全封闭，有效抑制了酸、碱、污物对汽车漆面的损害，日常养护只需要用清水冲洗即可，省时、省力，镀膜的防护时效可以达到两年以上，如图 3-9 所示。

图 3-8　抛光封釉　　　　　　　　　　　图 3-9　镀膜后的效果

48

第二节　轮胎与轮辋的养护美容

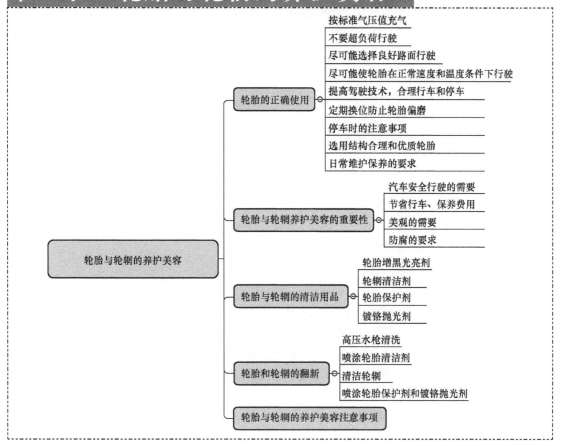

一、轮胎的正确使用

轮胎的正确使用是提高其使用寿命的主要措施。

1. 按标准气压值充气

在汽车的行驶中，轮胎充气压力（图3-10）直接影响到行车的阻力及经济性。实验证明，正常的轮胎气压每下降49kPa，车辆多耗油5%。充气压力过高，轮胎单位面积上所承受的压力增加，会造成胎面磨损不均匀，胎壁也会因气压过高而变薄，行驶当中如果遇到凸起物或者坑洼时很容易发生爆胎的事故。但充气压力也不能过低，因为轮胎气压降低后，轮胎与地面的接触面积增大，会造成轮胎升温过快，加速轮胎的老化，容易引起爆胎，或造成胎面两侧不正常磨损。因此，要严格按照轮胎的标准气压值进行充气。

> **注意**：胎压值全部都是在车轮完全落地的情况下进行测量的，车身完全架起来之后的胎压值会比轮胎落地之后的胎压值低20～30kPa，因此测量胎压一定要保证在四轮完全落地的情况下进行，否则会造成胎压过高。

2. 不要超负荷行驶

承受负荷是轮胎的主要性能，超负荷运行，会加重轮胎的损伤，严重缩短轮胎的使用寿命。

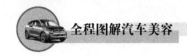
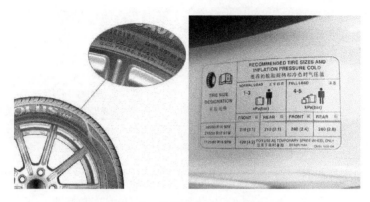

图 3-10　轮胎的充气压力标准

3. 尽可能选择良好路面行驶

汽车在崎岖不平或卵石路面上行驶时，轮胎动载荷大，颠簸冲击大，胎侧曲折的频率增加，温度升高，会使轮胎磨损加重。

4. 尽可能使轮胎在正常速度和温度条件下行驶

汽车的轮胎若在高速高温条件下行驶，则各种应力应变频率增加，会导致轮胎早期磨损。当轮胎的温度过高时，不可用冷水浇泼，或放气调压，而是应停车散热。

5. 提高驾驶技术，合理行车和停车

正确驾驶汽车，尽量减少或避免轮胎打滑、紧急制动、急转弯，尽量避开尖锐的障碍物，尽量平稳开车，保持匀速前进。实践证明，合理开车，将有助于对汽车的保养，减少轮胎的损伤。

6. 定期换位防止轮胎偏磨

对轮胎进行定期换位，可以使轮胎尽量达到均匀磨损，提高其使用寿命。可根据汽车轮胎的具体情况，选用适当的换位方法，如斜交叉、左右交叉或前后调换等。

7. 停车时的注意事项

停车时应尽可能避免停在有油污、铁屑和钢渣等的不良地面上，否则将会加剧轮胎的老化和磨损。

8. 选用结构合理的优质轮胎

使用优质轮胎是提高汽车使用寿命、减少维护保养费用的重要因素之一。目前广泛使用的是子午线轮胎。

9. 日常维护保养的要求

在车辆的日常维护保养中，要经常对轮胎进行检查，发现轮胎表面纹理嵌有石子、玻璃、铁钉等杂物时，要及时清除，防止故障扩大，影响轮胎的使用寿命。

二、轮胎与轮辋养护美容的重要性

1. 汽车安全行驶的需要

汽车轮胎在长期使用过程中，会与不同的路面接触，其磨损程度不同。除了磨损之外，轮胎还受到雨水侵蚀或其他的黏附物损害轮胎表面，加快轮胎老化的速度，导致轮胎的弹性和耐磨性大大降低。这对行车安全无疑是构成了威胁。据不完全统计，在高速公路的交通事故中，由于爆胎引起的事故占70%以上，给生命和财产造成了严重的损失。

2. 节省行车、保养费用

轮胎是汽车的易损件，在一辆汽车的使用过程中，更换轮胎的费用占保养护理费用的10%左右。如果还没到更换周期并且损害程度不是很大，可以对轮胎进行翻新。

3. 美观的需要

轮胎在使用过程中直接与各种条件的路面接触，溅起的泥水、尘土、油脂和沥青等使轮胎和轮辋的外表非常脏，严重影响汽车的美观。

4. 防腐的要求

附着在轮胎上的污物主要是淤泥、油污、沥青、蜡膜、油脂及硅化物等。轮胎受一些酸、碱性污物的侵蚀，会渐渐地失去原有的纯正黑色，而呈现灰黑色。受侵蚀的橡胶极易老化、变硬，失去原有的弹性及耐磨性，甚至龟裂。现代汽车轮辋多为铝合金材质，轮辋会由于空气、水和腐蚀性物质对其表面产生的化学作用而发生氧化锈蚀。

三、轮胎与轮辋的清洁用品

轮胎和轮辋的清洁用品主要有轮胎增黑光亮剂、轮辋清洁剂、轮胎保护剂和镀铬抛光剂等。

1. 轮胎增黑光亮剂

轮胎增黑光亮剂（图3-11）富含强力清洁泡沫，能迅速渗透于橡胶内，分解浸入的酸碱性污染物和其他有害物质，清洁翻新聚乙烯树脂、橡胶、塑料和皮革制品；它还含有防紫外线剂，可以降低紫外线的辐射，减缓轮胎橡胶的进一步龟裂和老化，延长使用寿命；同时可使轮胎表面快速生成一层乌黑闪亮的保护膜，且能防水，不易被水洗掉，使渗透、清洁、上光、保护轮胎一次完成。应用轮胎增黑光亮剂前后效果对比如图3-12所示。

图 3-11　轮胎增黑光亮剂　　　　　图 3-12　使用轮胎增黑光亮剂的效果对比

2. 轮辋清洁剂

轮辋清洁剂（图3-13）可清除长期附着在轮辋上的积垢，如沥青、制动片的黑粉等。

3. 轮胎保护剂

轮胎保护剂（图3-14）能有效防止轮胎等橡胶件的老化、龟裂、变形及褪色，不伤害轮辋、胎圈；有优异的抗静电功能，不易吸附灰尘，保持持久亮丽。

图 3-13 轮辋清洁剂

图 3-14 轮胎保护剂

4. 镀铬抛光剂

镀铬抛光剂（图 3-15）用于去除镀铬件、不锈钢件和其他金属上的锈斑、氧化物、腐蚀痕迹及瑕疵，使之持久明亮，光洁如新。

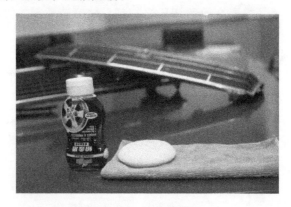

图 3-15 镀铬抛光剂

四、轮胎和轮辋的翻新

轮胎和轮辋翻新的操作步骤如下。

1. 高压水枪清洗

如图 3-16 所示，用高压水枪冲洗轮胎上、轮辋外表以及挡泥板内侧的泥沙和尘土，同时，边冲洗边用刷子刷，可除去深嵌在轮胎花纹中的淤泥、砂石等，然后用毛巾擦拭。

2. 喷涂轮胎清洁剂

将轮胎清洁剂摇匀，在距离轮胎 15cm 处以打圈的方式均匀地、薄薄地喷涂在轮胎表面上，停留 1 ~ 2min 后再用毛巾擦拭。也可直接用无纺布、软毛巾涂抹，均匀擦拭，如较脏应及时更换毛巾，直至轮胎再现黑亮本色，如图 3-17 所示。

3. 清洁轮辋

将摇晃均匀的轮辋清洁剂均匀喷于轮辋表面，2 ~ 3min 后用柔软的毛刷或海绵擦拭，注意轮辋的辐条之间不要遗漏，如图 3-18 所示。

图 3-16 轮胎的清洗

图 3-17 喷涂轮胎清洁剂

图 3-18 轮辋的清洁

4. 喷涂轮胎保护剂和镀铬抛光剂

轮胎和轮辋清洁后，用水冲洗干净（图 3-19），再用压缩空气吹干，最后喷涂轮胎保护剂，自然干燥即可，如图 3-20 所示。用毛巾蘸适量镀铬抛光剂均匀涂抹于轮辋上，以适当力度快速擦拭，直到轮辋表面达到理想亮泽程度。

图 3-19 汽车轮胎的冲洗

图 3-20 喷涂轮胎保护剂

五、轮胎与轮辋的养护美容注意事项

1）清洗铝合金轮辋时必须特别小心，因其表面有保护漆，所以一定要用海绵等柔软的物品轻轻刷洗，并应使用中性清洁剂，不可用碱性清洗液、钢刷、腐蚀性溶剂、燃油或强力清洁剂，否则会破坏保护漆。

2）轮辋的清洁应逐个进行。一次清洗一个轮辋可避免清洁剂在轮辋表面凝固，若清洁剂凝固，清洁效果将降低，并且不易用清水冲洗掉。

3）当轮辋的温度很高时，千万不可清洁。因为高温会促使清洁剂发生化学反应，导致轮辋表面受损或降低清洁效果。选择良好的清洁剂也可降低清洁剂因温度升高而变质的风险。

注意：若轮辋温度很高，最好让它自然冷却 1h 以上再清洁，千万不可用冷水冲洗冷却，否则易使轮辋受损，甚至可能造成制动盘变形，降低制动性能，导致交通事故的发生。

4）轮辋清洗后，应再用防酸清洁剂进行处理。一般每两个星期应彻底清洗轮辋上的盐分污物和制动片上的残留物。

第三节　汽车外饰的清洁护理

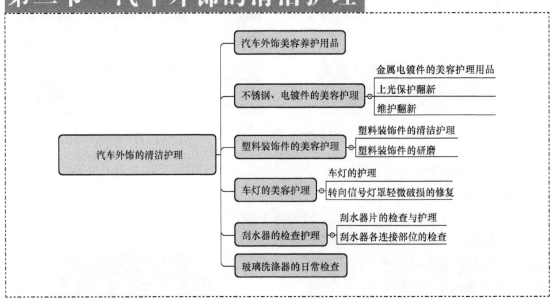

一、汽车外饰美容养护用品

汽车外饰美容养护用品主要有不锈钢光亮剂、镀铬抛光剂、洗车泥、塑料清洗剂、塑料抛光剂、塑料件研磨剂和雨刷精等。

（1）不锈钢光亮剂　不锈钢光亮剂（图 3-21）能有效地去除不锈钢表面的油迹、污迹和黄锈斑，且使用后能有效防止尘埃等再次附着于不锈钢表面，使之持久明亮，光洁如新。

（2）塑料件（保险杠）清洗剂　如图 3-22 所示，塑料件清洗剂可以轻松清洁塑料件、保险杠等处的污渍，还原塑料件、保险杠等处的光泽。

图 3-21　不锈钢光亮剂

图 3-22　塑料件清洗剂

（3）洗车泥　洗车泥（图 3-23）用来粘除车体上的自然氧化、水垢、鸟屎、铁粉、酸雨等的残留物质，并可反复使用。

图 3-23　洗车泥

（4）塑料件研磨剂与抛光剂　塑料件研磨剂与抛光剂（图 3-24）专用于塑料件表面的研磨与抛光还原，可以去除其表面的褪色、老化，恢复原有的光泽。

（5）塑料件上光保护剂　塑料件上光保护剂（图 3-25）是一种超高硬度、玻璃纤维塑料件表面涂层剂，既可还原塑料件本身的光泽，又在塑料件外部增加一层保护膜，从而使还原的光泽更持久，一次施工，有效保护期达一年以上。

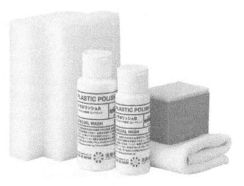

图 3-24　塑料件抛光剂

（6）雨刷精　雨刷精（图 3-26）是一种超浓缩型汽车玻璃清洁剂，能迅速驱除风窗玻璃上的顽固污垢、油渍等，并形成一层保护膜，防止灰尘和油污的附着，并且对于橡胶、塑料材质具有保持光泽及润滑、防止硬化龟裂等功能。刮水器片的使用寿命一般为一年，使用该产品后不仅能够延长刮水器片的使用寿命，还可以起到保护玻璃、保持驾驶视野广阔清晰的作用。

图 3-25　塑料件上光保护剂

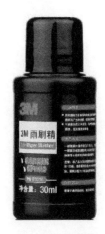

图 3-26　雨刷精

二、不锈钢、电镀件的美容护理

汽车外部有许多部件，如轮辋、保险杠、发动机进气格栅、汽车徽标、车身装饰条、后视镜架、拉杆天线等广泛采用不锈钢和电镀件。它们长期受到日晒、雨淋的侵蚀就会变黄、产生锈斑、失去原来的光泽和亮度，影响其装饰效果，因此应对车身不锈钢和电镀件进行美容护理。不锈钢和电镀件的翻新作业按零件的镀层状况可划分为上光保护翻新和维护翻新两种。

1. 金属电镀件的美容护理用品

金属电镀件美容护理用品的特点及使用方法见表3-1。

表3-1　金属电镀件美容护理用品

产品	产品特点	使用方法
除锈剂	本品集"防锈、解锈、润滑、除湿、清洁、电导"六大功能于一体，快速除去金属体表和体内的水分、油污、顽固杂质微粒，并且留下致密保护膜。这层膜既有防锈保护作用，又有不粘灰的长效润滑作用	将产品晃匀，距车体0.15m左右将产品喷于车体污垢处；稍等3～5min，待金属等污渍明显溶化后，用湿毛巾擦拭干净即可，重垢部分可重复一次
镀铬件抛光蜡	有效去除铬、不锈钢及其他汽车金属（如黄铜、青铜或纯铜）表面的生锈、氧化、腐蚀及暗哑	1. 先清洗需抛光的部位并风干 2. 将抛光剂倒在干净、柔软的棉质毛巾上，小范围涂抹 3. 大力擦拭直至抛光剂干透 4. 用干净、柔软的棉质毛巾打磨至光亮

（续）

产品	产品特点	使用方法
金属护理剂	本产品具有润滑、渗透、防锈、除锈、防水等功能，能有效地清洁金属部件，并迅速地在金属表面形成一道防潮保护层，适用于发动机、开关及各种电子设备的防护，可帮助受潮的发动机正常起动，兼具润滑剂功能	摇匀后直立罐身喷射，距离15cm处轻轻一喷，再用柔软干布擦拭即可。小件物品或缝隙可先喷在干布上然后擦拭。一喷一擦，除尘、上光、护理一次完成，使金属件立刻焕发自然光泽

2. 上光保护翻新

（1）上光保护翻新的条件　当不锈钢和电镀件在日常使用过程中大面积甚至全部失光时，须对其进行上光保护翻新；或车身镀铬件例行保养时，建议定期进行上光保护翻新。

（2）翻新方法

1）采用不锈钢光亮剂或镀铬抛光剂。首先要对翻新处进行彻底清洗，擦干后，将不锈钢上光护理剂或镀铬抛光剂摇晃均匀，用纯棉软布蘸少许本品，对需要抛光的部位进行反复擦拭，如图3-27所示，直至表面重现光泽，然后用清水冲洗干净。如果表面锈蚀严重，应先使用除锈剂进行除锈，然后再使用以上方法处理。

2）采用洗车泥（美容黏土）。如图3-28所示，当金属表面通过上光无法恢复原有光泽时，可以使用洗车泥进行清洁护理。不锈钢、电镀件表面不光滑、失去光泽是因为其表面黏附有金属氧化物、灰尘颗粒以及其他氧化物颗粒。清洁护理时，将洗车泥揉捏成零件表面的形状，在需要清洁的表面反复擦拭，使金属氧化物、锈迹颗粒等卷入洗车泥中，直到金属表面光亮如新为止。

图3-27　汽车轮辋抛光

图3-28　洗车泥护理

3. 维护翻新

（1）维护翻新的条件　当不锈钢和电镀件表面失光通过上光无法恢复原有光泽时，须进行维护翻新施工；或当镀铬件表面出现深达基层的划痕时，亦应及时维护翻新。

（2）翻新方法 维护翻新的方法有三种，根据损伤情况进行选用。

1）采用电镀方法重新镀铬翻新。此方法适合于大面积失光镀件，且电镀前要进行必要的表面打磨及其他处理。

2）采用电刷镀方法对局部失光或破损处进行翻新施工。施工前也应对作业表面进行必要处理。

3）对于局部深度划伤，亦可进行喷涂施工，进行局部修补作业。

三、塑料装饰件的美容护理

1. 塑料装饰件的清洁护理

汽车塑料装饰件诸如汽车塑料保险杠、后视镜架、车门把手等在长期的风吹、日晒下，极易褪色、老化甚至龟裂，因此要定期进行清洁护理。塑料部件的清洁护理可以使用塑料件清洗剂或万能泡沫清洁剂来完成。操作步骤如下：

1）在洗车的时候，用强水流冲洗掉灰尘和泥土（图3-29），将适量的塑料件清洗剂滴在湿的塑料件上，使用刷子或海绵进行清洗，如图3-30所示。

2）将塑料件上的污点清除干净后，在湿润状态下用水冲洗干净。最后用干净的毛巾将表面的水擦干，如图3-31所示。

图3-29 强水流冲掉灰尘和泥土

图3-30 汽车装饰件的清洗

图3-31 将表面的水擦干

2. 塑料装饰件的研磨

抛光塑料装饰件随着使用时间的增加而逐渐褪色、老化，可以采用研磨抛光的方法使其恢复原有的光泽。操作步骤：

1）用强水流把灰尘和沙粒冲洗下去，然后用洗车液擦洗干净施工部位，如图 3-32 所示。细节之处可以采用毛刷清洗（图 3-33）。

图 3-32 擦洗干净施工部位

图 3-33 细节之处用毛刷清洗

2）用麂皮（图 3-34）或毛巾擦干表面的水。

3）在毛巾上滴适量的塑料件研磨剂，用毛巾纵横擦拭塑料部件的表面，顽固污渍或凸、凹表面要重复几次擦拭，如图 3-35 所示。

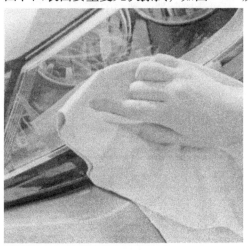

图 3-34 用麂皮擦干表面的水

图 3-35 塑料件的擦试

4）在一块新的海绵上滴适量的塑料件研磨剂，按与步骤 3）相同的方法仔细地纵横擦拭，直至部件表面出现光泽。

四、车灯的美容护理

1. 车灯的护理

车灯的美容护理很少有人重视。灯罩会随着使用时间的增加而逐渐变黄，车灯发暗，因此应该对车灯进行定期护理。

车灯的护理基本操作方法：如图3-36所示，喷少许透明塑料件研磨剂用干净的软毛巾对车灯表面进行研磨，出现光亮后再用毛巾擦干；用另一块干净的毛巾蘸少许透明塑料抛光剂以同样的方法进行抛光，直至灯罩清澈透明为止。

图 3-36　车灯的护理

2. 转向信号灯罩轻微破损的修复

前、后转向信号灯或小灯的外灯罩亚克力板因撞击而造成破裂、破洞的情形，通常依规定是要拆下整组或分组后重新安装，以防水渗进灯座内造成锈蚀或进水至行李箱内造成积水。若灯罩只有轻微破损，其处理步骤如下。

1）将破孔内部碎片先清除干净。

2）使用短锯片将其破损的边缘稍加修齐，然后再找一块颜色、大小相同的亚克力板修补其缺口。

3）使用强力胶粘剂先在四周固定好，再用硅胶在其四周涂上一层。

4）涂完硅胶后即可结束处理程序。如果表面处理较细时，依旧看不出有补过的痕迹。

五、刮水器的检查护理

刮水器能否正常使用，对汽车的安全行驶至关重要。因此，平时应注意对刮水器及刮水部件的检查保养。

1. 刮水器片的检查与护理

（1）刮水器片的检查　如图3-37所示，检查刮水器片是否磨损或老化。磨损或老化的刮水器片不但刮不净尘土，反而会损伤风窗玻璃，因此应及时更换。良好的刮水器片橡胶部分应柔软而富有弹性，可以左右翻滚自如，刮水器臂角度可以调整，刮水器片能直立在风窗玻璃上而且平整。

图 3-37 刮水器片的检查

（2）刮水器片的护理　首先打开汽车的发动机舱盖，打开洗涤液罐盖子，先注入 2.5～3L 左右的清水，以此来稀释超浓缩的雨刷精，将超浓缩的雨刷精倒入罐中，将盖子拧好，然后将发动机舱盖盖好，最后起动汽车，选择自动清洗玻璃的按钮，让刮水器片自行清洗风窗玻璃。

2. 刮水器各连接部位的检查

重点检查刮水器臂下端是否连接可靠，刮水器臂与刮水器片接头是否紧固。

六、玻璃洗涤器的日常检查

玻璃洗涤器多为电动式，与刮水器配合使用。风窗玻璃往往黏附有泥沙，雨天行驶，若玻璃洗涤器喷不出洗涤液来，刮水器片来回摆动时，不但不能刮净玻璃上的泥沙、灰尘，还会造成视线模糊不清，严重影响行车安全，同时会使刮水器片和玻璃受损。

玻璃洗涤器的主要组成部件有洗涤液罐、直流电动机、水泵、输水管和喷嘴等。

（1）检查储液罐中的洗涤液量　洗涤液罐中洗涤液不足时应及时添加（图 3-38），以保证玻璃洗涤器正常工作。它的液面高度判断起来很容易，只要能在入口处向下看到液面即可。如果洗涤器未经常使用而洗涤液消耗较快，应检查洗涤液罐是否有裂纹，各连接处连接是否可靠。

图 3-38　储液罐中的洗涤液量检查与添加

（2）检查喷嘴是否能正常喷射　在发动机舱盖上或里面装有洗涤器喷嘴，洗车打蜡时，很容易将喷嘴堵塞，导致洗涤器无法正常工作。在进行喷水测试（图3-39）后如发现堵塞，最简单的方法就是用大头针通一下，两厢车或SUV车型配有的后刮水喷水也可以采用这种方法疏通（图3-40）。

注意：检查玻璃洗涤器功能是否正常时，应先将风窗玻璃喷湿，否则会刮伤玻璃。

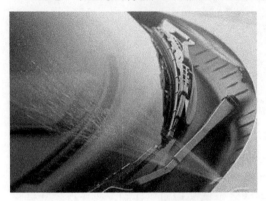

图3-39　汽车雨刮系统的喷水检查

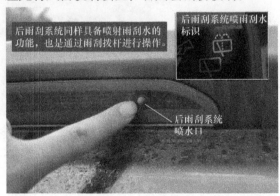

图3-40　后刮水系统的喷水口

第四章 Chapter 4

车身漆面美容

　　汽车日常运行及停放的绝大多数时间里是处于露天环境中，毫无遮掩地遭受风吹、日晒及酸雨等的侵蚀，并且沥青、树胶、鸟粪等黏附于汽车漆面，时间久了不仅使汽车因没有光泽而影响美观，而且还会渗透到车漆中，使漆面粗糙、失光、褪色、出现划痕、异色斑点甚至龟裂。对汽车车身漆面进行美容护理可以最大限度地避免上述原因造成的伤害。

　　汽车车身漆面美容护理的功用如下：

　　1）提高车漆的防水、防酸雨、防静电、抗紫外线能力，最大限度地降低外界环境对漆面的侵蚀，提高漆面的抗褪色、抗氧化、防腐蚀能力，保护汽车金属底材。

　　2）使汽车涂层平整，提高车漆亮度，增加美感，车身漆膜达到艳丽的新车效果，并能长久保持光亮感、深度感和立体感。

第一节　汽车漆面打蜡

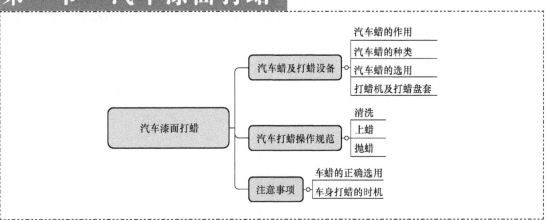

　　汽车蜡的出现至今已有几十年的历史，它由单纯打蜡上光、增加光泽的概念发展到今天的保护性上光，在功能和作用上已发生了质的飞跃。汽车打蜡的工艺简单、价格低廉，应用极其广泛。

一、汽车蜡及打蜡设备

1. 汽车蜡的作用

　　汽车蜡的主要成分是聚乙烯乳液或硅酮类高分子化合物，并含有油脂和其他成分。如图4-1所示，这些物质涂覆在车身表面具有以下作用。

　　（1）上光作用　上光是车蜡的最基本作用。汽车的车身漆面好似汽车的外衣，一辆车看上去是新是旧，好不好看，很大程度上取决于它的车漆，因此对车漆的护理十分重要。经过打蜡的汽车可以改善漆面的光亮程度，增添亮丽的色彩，但维持时间不长。

（2）隔离作用　汽车属于室外用品，运行环境复杂，容易受到有害气体、灰尘等具有腐蚀性的物质侵蚀，有害气体和灰尘会造成车漆的变色和老化。汽车蜡可在漆面与空气之间形成一层保护层，将车漆与有害物质隔离，起到一种"屏蔽"的作用。

汽车蜡可使车身表面的水滴附着减少60%～90%，高档车蜡还可使残留在漆面上的水滴进一步平展，呈扁平状，最大程度地降低水滴对阳光的聚焦作用，大大降低了车身遭受侵蚀的可能性，使车漆得到保护。

图4-1　漆面打蜡的好处

（3）研磨抛光作用　当漆面出现浅划痕时，可使用抛光蜡去除划痕。如划痕不很严重，抛光和打蜡作业可一次完成。

（4）防静电作用　汽车在行驶过程中，空气中的尘埃与车身表面相互摩擦产生静电，由于静电的作用，灰尘会附着于车身表面。车蜡可隔断尘埃与车身表面的接触，通过打蜡，不仅可有效地防止车身表面静电的产生，还可大大降低带电尘埃在车身表面的附着。

（5）抗高温作用　汽车蜡可以对来自不同方向的入射光有效地反射，防止入射光使面漆或底色漆老化变色，延长漆面的使用寿命。

（6）防紫外线作用　日光中的紫外线较易折射进入漆面，防紫外线车蜡充分考虑了紫外线的特性，能使其对漆面的侵害最大限度地降低。

2. 汽车蜡的种类

（1）按物理状态分类　汽车蜡可分为固体蜡、液体蜡（膏状蜡）和喷雾蜡三种，如图4-2所示。这些汽车蜡的黏度越大，光泽就越艳丽、持久性就越强，但去污性越弱，而且打蜡操作越费力。

a)固体蜡　　　　b)液体蜡　　　　c)喷雾蜡

图4-2　各种状态的蜡

（2）按功能分类　汽车蜡可分为上光保护蜡和抛光研磨蜡。

1）上光保护蜡。上光保护蜡不含任何研磨材料，有无色上光蜡和有色上光蜡两种，如图4-3所示。无色上光蜡用于漆面状况极好的车，主要起增光作用，有色上光蜡主要以增色为主。

图4-3　上光保护蜡

2）抛光研磨蜡。抛光研磨蜡用于研磨和抛光还原作业，主要由研磨剂和其他原料制成。如图4-4所示，其中砂蜡可彻底去除车身表面污垢、顽渍和轻微的划痕，同时能清除老化、哑色、变色的旧漆层，从而使车身恢复亮丽光彩，光洁如新；抛光蜡适用于清洁深色汽车表面的微痕、旋涡状痕渍、轻度氧化物及水斑，适用于手工抛光或机抛。

a) 砂蜡　　　　　　　　　　　　　b) 抛光蜡

图4-4　抛光研磨蜡

（3）按作用分类　汽车蜡可分为防水蜡（图4-5）、防高温蜡、防静电蜡及防紫外线蜡（图4-6）等多种。

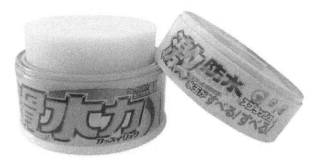

图4-5　防水蜡　　　　　　　　　　　图4-6　防紫外线蜡

（4）按生产国别分类　汽车蜡可分为国产蜡和进口蜡。目前，国产汽车蜡著名品牌如车仆（图4-7）、标榜（图4-8）、好顺、奥吉龙等，基本上都是低档蜡。中高档车蜡绝大部分为进品蜡，常见进口车蜡多来自美国、英国、日本、荷兰等国，如美国龟博士系列车蜡、美国3M系列车蜡（图4-9）、英国尼尔森系列车蜡等。

图4-7　国产蜡系列（车仆）

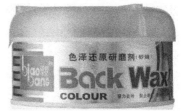

图4-8　国产蜡系列（标榜）

a）龟牌　　　　　　　　　　　　　　b）3M

图4-9　进口蜡系列

3. 汽车蜡的选用

正确地选择、使用汽车漆面美容蜡是打蜡美容成败的关键。由于各种车蜡的性能不同，其产生的作用与效果也不一样。但是许多人对这方面的认识不足，要么频繁打蜡，要么干脆不打。还有的人认为，车蜡越贵越好，专挑价钱贵的进口车蜡使用，这些做法都是不恰当的。在选用车蜡时必须慎重，选用不当不仅不能保护车漆，反而会对车身表面产生不良影响，严重的还会令车漆褪色（图4-10）或变色。

（1）汽车蜡选用的依据　选择汽车蜡应考虑汽车蜡的作用、特点、车辆的新旧程度、车漆颜色及运行环境等因素，选用时一般应注意以下几点。

1）根据汽车的行驶环境选择。由于车辆的运行环境千差万别，在车蜡的选择上对汽车漆面的保护应该有所侧重。如汽车经常行驶在泥泞、山区、尘土等恶劣道路环境中应选用保护作用突出的树脂车蜡（图4-11）；沿海地区应选用防盐、雾功能较强的车蜡；化学工业区应选用防酸雨功能较强的车蜡；光照好的地区应选用防紫外线、抗高温性能优良的车蜡；多雨地区应选用防水性能优良的车蜡。

图4-10　褪色

图4-11　树脂车蜡

2）根据漆面的质量选择。对于中高档轿车，其漆面质量较好，应选用高档车蜡；普通车辆可选用一般车蜡。

3）根据车漆颜色选择。浅色车漆选用银色、白色、珍珠色系列车蜡；红色（图4-12）、黑色和深蓝色等颜色的车身应选用深色系列的车蜡，以掩盖车身表面的细小划痕，使车身显得更加光滑、漂亮。

4）根据漆面的新旧程度选择。新车或新喷漆的车辆，应选用上光蜡（图4-13），以保持车身的光泽和颜色；对旧车或漆面有漫射光痕的车辆，可选用研磨蜡对其进行抛光处理后，再用上光蜡上光。

5）根据季节选择。夏季一般光照较强，宜选用防高温、防紫外线能力强的车蜡。

图4-12　艳色车蜡

图4-13　上光蜡

（2）汽车蜡选购的方法

1）看品牌。选择汽车蜡时，应注意包装上标明的品牌和生产厂家，要选择正规厂家生产的产品或名牌产品。

2）看说明。正规厂家生产的产品或名牌产品都有使用说明书，或在包装上标明产品特性、适用范围、使用方法和注意事项等内容。选购时要仔细阅读这些说明，根据自己的需要进行选择。

3）看质量。选购车蜡时，可用手指蘸一点蜡，在两手指之间轻轻揉搓，如果感觉到有小颗粒状的物质，说明此蜡一定是劣质蜡，打蜡时会造成划痕，切勿购买。

4. 打蜡机及打蜡盘套

（1）打蜡机　打蜡机也称轨道抛光机，是把车蜡打在漆面上，并将其抛出光泽的设备。其外形如图4-14所示。打蜡机工作时是以椭圆形的轨迹旋转，它的托盘直径比抛光机的抛光盘直径大，机体却比抛光机轻很多，而且其双手扶把紧贴机体的中心立铀。受质量、速度和椭圆形的旋转方式的限制，打蜡机产生不了足够的热能让抛光剂与车漆进行化学反应，因此不能用来进行研磨抛光作业。但此机用于打蜡效果很好，主要的优点在于质量小、做工细且底盘面积大，比人工打蜡省时省力，而且打蜡时不易产生漆面划痕。

（2）打蜡盘套　打蜡盘套安装在打蜡机的固定打蜡托盘上。打蜡盘套是一种衬有皮革底的毛巾套，其作用是把蜡均匀地涂覆到车身上。打蜡盘套的材料有三种：全棉（毛巾）、全毛（或混纺）和海绵。目前使用最广泛的是全棉盘套，选择时应选择针织密集、线绒较多、具有柔软感的。因为越柔软就越能减少发丝划痕，也能把蜡的光泽和深度抛出来。

图4-14　打蜡机及打蜡盘套

> **注意**：全棉盘套使用时不能反复使用，最好每做完一辆车更换一个新的。即使不更换新的，旧的也一定要洗干净再用。清洗时要使用柔顺剂，以免晒干后盘套发硬。

二、汽车打蜡操作规范

为了保证汽车的打蜡效果，打蜡的程序也是至关重要的。具体操作步骤如下。

1. 清洗

汽车打蜡前，必须对车辆进行彻底清洗（图4-15），去除污渍，擦干后再上蜡，否则用再好的蜡，打上也没有光泽。对于有残蜡的车表必须用开蜡水进行除蜡处理；如果车漆已经褪色或氧化，必须在清除掉旧的和氧化了的车漆后，才能打蜡。

2. 上蜡

上蜡可分手工上蜡和机械上蜡两种。手工上蜡简单易行，可控性强，对于边角、棱角处上蜡抛光更容易，目前各美容店使用较多；机械上蜡的突出优点是效率高。无论是手工上蜡还是机械上蜡，都要保证将蜡在漆面涂布均匀。

1）手工上蜡。首先将适量的车蜡涂在专用打蜡海绵上，保证每次处理的面积一定，不可大面积涂抹。打蜡时以大拇指和小拇指夹住海绵，以手掌和其余三个手指按住海绵，以画小圆圈方式按图4-16所示方向均匀涂蜡。具体顺序是右前发动机舱盖→右前翼子板→右前车门→右后车门→右车顶→右后翼子板→行李箱，左半车身与右半车身顺序相同，蜡膜尽量做到薄而均匀。每道涂抹都应与上道涂抹区域有1/5～1/4的重叠，防止漏涂。

图4-15　车辆清洗　　　　　　　　　　图4-16　手工上蜡

2）机械上蜡。机械上蜡时将车蜡涂在打蜡机海绵上，具体涂布过程与手工相似（图4-17），打蜡机的转速控制在150～300r/min。值得注意的是在边、角、棱处的涂布应避免超出漆面，可配合手工上蜡完成。

> **注意**：不要涂太多的蜡，太多的蜡只能增加抛光工作量，而且还容易粘灰尘，抛光时会产生刮痕。

3. 抛蜡

根据不同车蜡的说明，一般上蜡5～10min后蜡表面开始发白，用手背接触，呈粉末状，即可进行抛蜡。抛蜡时遵循先上蜡后抛光的原则，确保抛光过的车身不受污染。抛蜡分为手工抛蜡和机械抛蜡。

1）手工抛蜡。手工抛蜡通常使用不脱毛纯棉毛巾按原上蜡的顺序进行往复直线擦拭，如图4-18所示，适当用力按压，通过挤压形成蜡膜，直至漆面抛光至镜面般光亮。

2）机械抛蜡。抛光机抛蜡时，先要将涂蜡盘套卸下，换上干净的抛光盘套，抛光机的转速控制在1000r/min以下，确认盘套的绒线中无杂质后开机，然后将打蜡机盘套轻放在车身上，让打蜡机按图4-17所示方向进行横向与纵向覆盖式的抛光，直至车漆亮泽令人满意为止，如图4-19所示。

3）清除残蜡。手工清除边角、缝隙处剩余的残蜡，这样才能得到完美的打蜡效果，如图4-20所示。

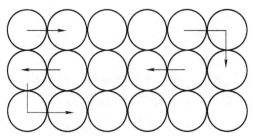

图 4-17　打蜡机的抛光路线

图 4-18　手工抛蜡

图 4-19　机械抛蜡

图 4-20　清除残蜡

三、注意事项

车身漆面打蜡是汽车美容中最常见的基本护理性美容，其目的在于增强漆面的防水、防紫外线、防划伤能力等，保持车身漆面永久光亮感、深度感和立体感。要达到以上目的必须把握好打蜡时机，做到正确地选用车蜡，合理运用操作工艺并注意相关事项。

1. 车蜡的正确选用

正确地选择使用车蜡是打蜡美容成败的关键。目前市场上车蜡种类繁多，有固体和液体之分，又有高、中、低档之别，既有去污用的，也有补色用的，还有国产和进口之分。由于各种车蜡的性能不同，其产生的作用和效果也不一样，在选择时必须慎重。选择不当不仅不能保护车体，反而会对车身表面产生不良影响，严重的还会令车漆褪色或变色，因此要求美容者根据汽车漆面的实际情况加以正确选择，总结起来为六原则六注意：

（1）选蜡六原则

① 根据车辆漆面质量选用车蜡。中高档轿车的漆面质量较好，应选用高档车蜡；普通车辆选用一般车蜡即可。

② 根据漆面的新旧程度选用车蜡。新车或新喷过漆的车辆，应选用上光蜡，以保持车身漆面的光泽和颜色；对于旧车，可选用研磨抛光蜡进行抛光处理后，再用上光蜡上光。

③ 根据季节不同选用车蜡。夏季一般光照较强，应选用防高温、防紫外线能力强的车蜡。

④ 根据车辆的运行环境选用车蜡。如沿海地区应用防盐、雾功能较强的车蜡；化学工

业区应选用防酸雨功能较强的车蜡；多雨地区应选用防水性能优良的车蜡；光照好的地区应选用防紫外线、抗高温性能好的车蜡；行驶环境较差宜选用保护作用突出的树脂蜡，如车辆经常在泥泞、砾石、多尘等恶劣路面及沙尘暴易发地区行驶，应选用保护功能较强的硅酮树脂蜡。

⑤ 根据操作条件选择。如果有时间想多花一些工夫打出光泽，则可以选用固体蜡；如果想省时省力，则可选用喷雾式蜡；如果觉得固体蜡使用不方便，又不满意喷雾式蜡的光泽不佳，则可选用半固体蜡或液态蜡。

⑥ 根据车身颜色选择。白色、黄色和银色等颜色的车身应选择浅色系列的车蜡；红色、黑色和深蓝等颜色的车身应选择深色系列的车蜡，起到相得益彰的作用，并能掩盖车身表面细小划痕，使车身显得更加光滑、漂亮。

（2）选蜡六注意

① 注意区分漆面。风干漆与烤漆，即1K与2K漆都可做抛光处理，但各自用的抛光蜡不一样，用错会造成漆膜变软、裂口及变色。

② 注意分清机蜡和手蜡。机蜡配合专用抛光机使用，手蜡直接用手涂擦抛光。机蜡用手抛费工费时且效果不佳，但边角处理得较好，机抛手蜡则浪费严重。

③ 注意素色漆与金属漆的抛光蜡应区分使用。金属漆所专用的抛光蜡不但可增加漆面光泽，而且能使金属的闪光效果更清澈，更富立体感。

④ 注意漆膜保护增光蜡与镜面处理蜡要分清楚。镜面处理蜡是对漆面进行增光处理的专用蜡，其保护作用不如保护增光蜡。保护增光蜡含有多种成分，可在漆面上形成一层保护膜，抵御外界紫外线、酸雨、静电粉尘、水渍等的侵害。

⑤ 注意含硅产品与不含硅产品在使用范围上应分清。含硅产品在保养时尽量避免使用，因为漆膜一旦粘有硅质，漆面修补就很难处理。

⑥ 注意砂蜡。一般的砂蜡对漆面有很强的研磨作用，处理不好极易将漆膜磨穿而造成不必要的损失。因此在一般美容中，尽量不采用砂蜡。

2. 车身打蜡的时机

由于车辆行驶的环境与停放场所不同，打蜡的时间间隔也应有所不同。一般有车库并经常在良好道路上行驶的车辆，每3~4个月打蜡1次，否则应1~2个月打蜡1次。但这并非硬性规定，一般通过目视或用手触摸车身，感觉不光滑或光泽较差就应再次打蜡。

第二节 漆面封釉

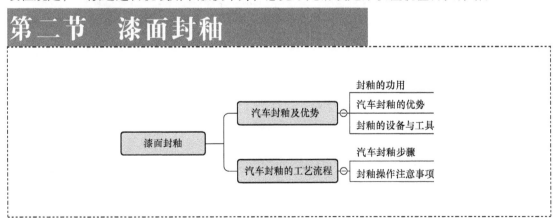

一、汽车封釉及优势

1. 封釉的功用

所谓汽车封釉就是采用柔软的羊毛或海绵通过振抛机的高速振动和摩擦，将釉剂挤压进车漆的纹理中，使其在车漆表面形成独特牢固的网状保护层，提高原车漆面的硬度、光泽度，使车漆能更好地抵御风沙的侵袭，并且不怕日晒，不怕酸碱，不怕火烧。

2. 汽车封釉的优势

汽车打蜡和封釉护理，二者同为汽车美容、保护汽车漆面光泽的护理手段。在功能上，二者有相同的地方，但和汽车打蜡比较，汽车封釉有着自己明显的优势。

（1）釉剂不溶于水　汽车打蜡时所使用的蜡都是溶于水的，因此如果汽车刚刚打完蜡后碰上阴雨天气，打上的蜡就会被雨水所溶解，起不到保护漆面和美容的作用。再者由于蜡可溶于水，打完蜡后给洗车也造成了诸多不便。而釉剂是渗透到车漆的毛孔内并形成带固化剂的液体玻璃，不溶于水。因此汽车封釉后可长期保护汽车漆面。

（2）不损坏原有漆面　传统的汽车打蜡都要先洗车后打蜡，频繁的洗车打蜡会对汽车漆面造成危害；而封釉则是使流动的釉剂在汽车漆面表层附着并以透明状硬化，相当于给汽车漆面穿上一层透明坚硬的"保护衣"，因此可以起到保护汽车漆面的作用。

（3）保护时间长　汽车封釉之后保护效果可达 3 个月左右，同时避免了经常洗车的烦恼，汽车表面的灰尘可以轻松擦去。

（4）独有的漆面保护性　釉剂表面不粘着、不附着的特性，使得漆面即使在恶劣和污染的环境中也能长久保持洁净。汽车封釉还可以有效抵御温度对车漆造成的影响，使漆面硬度得到大幅度的提高，同时还有防酸、防碱、防褪色、抗氧化、防静电、抗紫外线等功能。

（5）美容效果好　对新车进行封釉美容可以延长车漆的使用寿命，减缓褪色，使车漆光彩永驻。对旧车封釉的效果更明显，旧车封釉可以使氧化褪色的车漆还原增艳，具有翻新的效果。

3. 封釉的设备与工具

封釉所需的主要设备和工具有封釉机、洗车泥、麂皮或专业无尘纸、纸胶带、空气压缩机、气枪等。

封釉机是封釉的专用电动或气动工具，如图 4-21 所示。它可以通过高频振动与快速转动，与漆面摩擦产生热量，使漆面局部产生一定程度的扩张，于是釉剂通过振动均匀地挤压渗透到漆面中，并在漆面上形成一层极薄的保护膜，以有效地保护和美化漆面。封釉机的使用与抛光机相似。封釉机一般采用吸盘式封釉波纹海绵轮与封釉机的托盘相连。

二、汽车封釉的工艺流程

1. 汽车封釉步骤

汽车封釉工序比较复杂，大约 4 ～ 5h 能完成。

（1）脱蜡清洗　为保证封釉效果，封釉前必须用脱蜡洗车液将车身表面的污物清洗掉，注意不要有残留，因残留物会在擦拭车身时造成摩擦而损坏车漆，稍不注意就会损伤其光洁度。车身表面清洗擦干后，还要用压缩空气把洗车时在车体接缝处残留的水吹净，如图4-22所示。

图 4-21 封釉机

图 4-22 脱蜡清洗

（2）用洗车泥擦拭车身 车身氧化层，车身长期积存的尘土、树胶、飞漆等脏污很难靠清洗来去除，因此经过清洗的车漆表面可能仍然有些粗糙，这就需要用洗车泥进行全面的打磨处理，如图 4-23 所示。

注意：如果车身表面已经很洁净，此道工序可省略。

（3）全车贴防护胶条 汽车清洗干净后，要用胶条把车身上所有与漆面相邻的镀铬装饰和橡胶条的边缘部分以及诸如车标、字母、塑料护板等都粘贴起来，防止抛光时造成损伤，也防止后续工序可能对这些部位造成污染、腐蚀等不良影响，如图 4-24 所示。

图 4-23 用洗车泥去除污物

图 4-24 抛光前相应部位贴防护胶条

（4）抛光处理 抛光可以去除车漆表面的氧化痕迹及发丝划痕，抛光后对车身表面高压冲洗。

（5）还原处理 使用抛光机配合静电抛光轮、增艳剂进行还原处理。抛光机在漆面上旋转的同时产生静电，将漆面毛孔中的脏物吸出。同时，增艳剂渗透到车漆内部，发生还原反应，可以达到车漆增艳如新的感觉，还原处理还可将车漆表面细小的划痕磨平。

（6）上釉 用海绵将釉剂一次性均匀地涂抹在清洁的漆面上，并将漆面涂满，涂抹顺序与打蜡相同。

（7）振抛 使用封釉机将釉剂通过振动挤压至车漆的底部，使分子间形成如网状的保护层，如图 4-25 所示。

（8）无尘打磨　利用无尘纸或柔软的海绵轻轻抛光漆面，并轻轻擦去外表多余的粉末使其干净。

（9）收尾工作　把防护胶条撕掉，将被粘贴表面处理干净。

图 4-25　振抛

2. 封釉操作注意事项

1）封釉后 24h 内切记不要用水冲洗汽车。因为在这段时间内，釉层还未完全凝结，将继续渗透，冲洗将会冲掉未凝结的釉剂。

2）封釉后尽量避免洗车。釉剂可防静电，因此日常护理用除尘掸就可轻松去掉车身上的灰尘。

3）漆面封釉，会使车漆表面如同罩上一层很强的保护膜，延长漆面寿命，因此如果釉的质量好，行车环境好的话，可保持 3～6 个月。

第三节　漆面镀膜

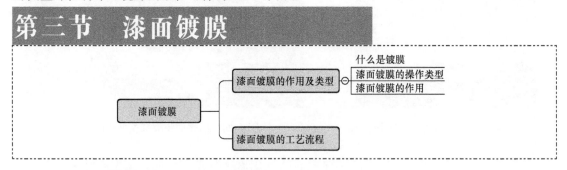

一、漆面镀膜的作用及类型

1. 什么是镀膜

镀膜是用镀膜机将带有负离子的液态蜡，均匀地喷涂到车漆上，由于液态蜡带有静电，会自动吸附到车漆上，在车表面形成一层蜡质保护层。对于车身漆面上的划痕，它拥有优于传统的抛光处理、喷漆处理的修复和保养功能，如图 4-26 所示。

2. 漆面镀膜的操作类型

目前，市场上漆面镀膜的操作工艺有两种类型——电喷镀膜与手工镀膜。手工镀膜工艺类似于封釉施工工艺，只是材料不同而已，主要由漆面清洁、研磨抛光、手工镀膜等工序构成；电喷镀膜是通过喷枪，将色彩还原魔幻蜡细化至 0.01mm 粒度喷涂于车漆表面上形成一层保护膜，然后再用无纺布抛光，从而实现镀膜。

图 4-26　漆面镀膜

3. 漆面镀膜的作用

镀膜的主要成分是氟碳和玻璃纤维素的聚合物，它的特性在于在车漆表面形成高硬度、抗氧化、耐腐蚀的保护层，隔绝外界物质对面漆的损害，不仅使车身色彩得到还原，增加了亮度，从而达到焕然一新的效果，而且做了镀膜后，彻底解决因手工摩擦打蜡而留下的一道道光圈，并使蜡层分布更均匀、细腻，硬度更大、亮度更持久。镀膜后的效果可持续两年以上的时间，在此期间，车身漆面基本不用再做其他护理，并可得到优良的涂膜硬度。

二、漆面镀膜的工艺流程

（1）洗车　用高压水枪将车身表面的泥沙冲洗掉，然后用洗车香波将车身表面污渍清洗干净，如图 4-27 所示。用气枪将车身表面及缝隙中的水吹出并配合干毛巾将整个车身擦干，如图 4-28 所示。

图 4-27　用洗车香波洗车

图 4-28　吹净并擦干车身

（2）用洗车泥擦拭车身　用洗车泥擦拭车身（图 4-29），其目的是有效去除漆面氧化层、沥青点、铁粉等洗车洗不掉的漆面污垢。应从发动机舱盖开始从前到后均匀地将车漆擦拭一遍，擦拭过程中要不断喷水，一是起到润滑作用，二是把黏附的污垢冲洗干净，以便达到最佳效果。

（3）贴防护胶条　胶条保护作业是镀膜工序中重要的工序之一，它可避免施工事故的发生，如图 4-30 所示。首先用遮蔽纸将刮水器片、喷水嘴、橡胶条、各部位镀铬件、车灯等部位粘贴保护。车窗玻璃最好也用遮蔽纸粘贴，以防抛光时不小心将其磨损。

图 4-29　用洗车泥擦拭车身

图 4-30　贴防护胶条

（4）研磨　使用抛光机配合羊毛轮和研磨剂将漆面上的深度划痕、氧化层及漆孔中的污渍进行研磨处理，下一步进行抛光作业。

（5）还原　使用抛光机配合还原盘和还原剂按照抛光的顺序进行还原作业。

（6）喷膜　将镀膜液摇晃均匀，适量倒在镀膜专用海绵上，在漆面上擦拭力度均匀，画小圈沿直线将全车擦拭一遍，不要有遗漏的部位。涂抹顺序与打蜡相同。

（7）烤干　用红外线烤灯将镀膜的漆面按喷膜的顺序烤干，或按说明书的时间要求自然晾干。

（8）擦膜作业　用超纤维专用擦膜毛巾擦去膜与车漆产生的晶体，方法为画小圈直线擦拭。

（9）收尾作业　去掉胶条、玻璃遮蔽纸，清理门边干燥的研磨剂。

第四节 漆面研磨、抛光与还原

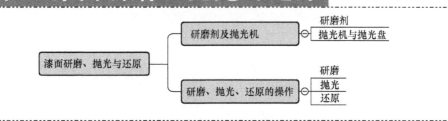

研磨、抛光与还原是漆面美容护理的主要作业项目，它们可以有效去除浅划痕，恢复整车漆膜亮丽的色彩，但建议不要经常使用，因为漆膜经研磨抛光处理，会越磨越薄。若将漆层磨穿，就只能靠重新喷漆来补救。对于局部划痕的处理，可以通过局部的研磨抛光即只对划痕（图4-31）及其周围进行处理，这样做对整车漆膜影响不大。

图4-31 划痕

一、研磨剂及抛光机

1. 研磨剂

研磨蜡又称粗蜡，呈颗粒状，成分中含有极细微的磨料，会伤害车漆，用于漆面表层深度的划伤、氧化、腐蚀等，使用后会形成一层细密的保护膜，如图4-32所示。

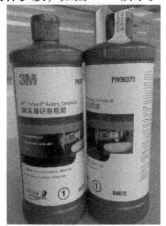

图4-32 研磨蜡

抛光蜡又称细蜡，成分中含有超微细的磨料，如图4-33所示。抛光蜡中的磨料颗粒较研磨蜡中要小，用于研磨后的抛光工序，能迅速去除面漆表层的中度或低度划伤、氧化、腐蚀、异物，并形成一层更细密的保护膜，使面漆更光滑和亮丽。

图4-33　抛光蜡

研磨时要根据漆面的状况和划痕的深浅选择专用的、合适的研磨剂。研磨剂越粗，切除效率越高，但抛光后平整度就越差，光泽度越低。反之，研磨剂越细，光泽度就越高，但切磨效率就低。因此可以先用粗蜡研磨，实现快速切削，去除橘皮或砂纸痕迹；再用细蜡抛光，去掉粗蜡所带来的划痕，恢复漆面光泽。但这个程序不是一成不变的，如对于类似发丝的划痕可以直接进行抛光处理，这样漆面就可以得到更多保护。

2. 抛光机与抛光盘

如图4-34所示，抛光机也称为研磨机。抛光机常用于机械式研磨、抛光及打蜡。它的工作原理是，电动机带动安装在抛光机上的抛光盘高速旋转，由于抛光盘和抛光剂共同作用并与待抛光表面进行摩擦，进而达到去除漆面污染、氧化层和浅划痕的目的。

图4-34　抛光机

（1）抛光机

1）按动力分为气动和电动两种。气动式比较安全，但需要气源；电动式容易解决电源问题，但要注意用电安全。

2）按功能分为双功能工业用磨砂/抛光机和简易型抛光机两种。双功能工业用磨砂/抛光机安上砂轮可打磨金属材料，换上抛光盘又能进行车漆护理。此机较重，但工作起来非常平稳，不易损坏，转速可以调节，适合专业美容护理人员使用。简易型抛光机实际上是钻机，体积小，转速不可调，使用时难掌握平衡，专业美容护理人员一般不使用此类机型。

3）按转速分为高速抛光机、中速抛光机和低速抛光机三种。高速抛光机转速为1750～3000r/min，转速可调；中速抛光机转速为1200～1600r/min，转速可调；低速抛光机转速为1200r/min，转速不可调。

（2）抛光盘 抛光盘安装在抛光机上，与研磨剂或抛光剂共同作用完成研磨/抛光作业。吸盘式抛光盘应用最广泛，与之配合使用的抛光机的机头用螺钉固定有托盘，托盘的工作面可粘住带有尼龙易粘平面的物体，这样就可以根据需要选择各种吸盘式的抛光盘，工作时只需将此种抛光盘贴在托盘上，便可实现抛光盘的快速转换。抛光盘按材料分为羊毛抛光盘、海绵抛光盘和兔毛抛光盘三种。

1）羊毛抛光盘。羊毛抛光盘为传统式切割材料，研磨能力强、功效大，研磨后会留下旋纹。一般用于普通漆的研磨和抛光，用于罩光漆时要谨慎。如图4-35所示，羊毛抛光盘按颜色一般分为白色和黄色两种。

① 白色羊毛抛光盘：切削力强，能去除漆面的严重瑕疵，配合较粗的蜡打磨可快速去除橘皮或修饰研磨痕。

② 黄色羊毛抛光盘：切削力较白色羊毛抛光盘弱，一般配合细蜡来抛光漆面、去除漆面粗蜡抛光痕及轻微擦伤痕。

a) 白色　　　　　　　　　　　　　　　　b) 黄色

图4-35　羊毛抛光盘

> **注意**：羊毛抛光盘需定期用梳毛刷或空气喷嘴清洁，以清除蜡质；使用过的羊毛抛光盘要进行干燥，干燥后用梳毛刷冲洗干净；冲洗时必须使用温水，千万不要用热水烫或强碱性清洁剂冲洗；使用洗衣机清洗只可使用轻柔档；通常利用空气对其干燥，最好不要进行机器干燥。

2）海绵抛光盘。海绵抛光盘切削力较羊毛抛光盘弱，不会留下旋纹，能有效去除漆面的中度瑕疵，可用于车身普通漆和透明漆的研磨和抛光，一般作羊毛抛光盘之后的抛光、打蜡之用，如图4-36所示。海绵抛光盘按颜色一般可分为三种。

① 黄色盘：一般作为研磨盘，质硬，用以消除氧化膜或划痕。

② 白色盘：一般作为抛光盘，质软、细腻，用以消除发丝划痕或抛光。

③ 黑色盘：一般作为还原盘，质软、柔和，适合车身为透明漆的抛光和普通漆的还原。

注意：海绵抛光盘在温水中冲洗后，挤去水分，面朝上放在干净的地方进行干燥；或用专门的抛光盘清洗机进行清洗。不要使用肥皂或清洁剂清洗，更不能干洗。

3）兔毛抛光盘。兔毛抛光盘切削力介于羊毛抛光盘和海绵抛光盘之间，可用于车身普通面漆和罩光漆的抛光，如图4-37所示。

图4-36　海绵抛光盘

图4-37　兔毛抛光盘

二、研磨、抛光、还原的操作

研磨与抛光属于同一类护理作业，它们使用的设备及操作方法基本相同。

1. 研磨

研磨是漆面轻微缺陷修复的第一步，用研磨/抛光机作业，研磨完后还要抛光、还原，这是三道连续的工序。

（1）研磨的作用　研磨主要用来去除漆膜表面的氧化层、轻微划痕等缺陷。

（2）研磨的操作

1）洗车。研磨前用脱蜡洗车液将车洗净、擦干，如图4-38所示。

2）遮蔽。研磨前，为防止意外伤到车身附件，首先用胶条把车身上所有与漆面相邻的金属件和橡胶件的边缘部分以及诸如车标、字母等都粘贴起来，并对全车进行必要的遮蔽，如图4-39所示。

图4-38　洗车

图4-39　全车做必要的遮蔽

3）抛光盘的选择。抛光盘的选用要依据漆面状况、所选用的研磨剂及抛光盘的特点。目前有些生产厂家根据各自护理产品的特点配有专门的研磨/抛光盘。抛光盘应洁净，与托盘粘接牢固，并且对在中心位置，如图4-40所示。

4）涂研磨剂。取研磨剂充分摇晃均匀，在漆面上涂上一条薄薄的、断断续续的研磨剂，如图4-41所示。

图4-40　抛光盘的选择

图4-41　涂研磨剂

5）研磨。用抛光盘将研磨剂均匀涂抹在待抛光漆面上，保持抛光盘平面与待抛光漆面基本平行（局部抛光除外）。调整研磨机的转速在1400~1800r/min之间，起动抛光机，按与划痕垂直的方向移动并逐渐向前推进，抛光盘经过的长条轨迹之间要相互重叠1/3，如图4-42所示。

注意：研磨时，依据所选用产品的特点及要求决定是否需要保持抛光盘湿润。一般如果研磨剂含蜡质成分较多，可以干抛。如果研磨剂含蜡质成分较少，如使用3M产品，进行研磨抛光作业时应保持抛光盘湿润，方法是用喷雾瓶向抛光盘或工件表面喷清水，以防因水流过大而冲去研磨剂，并可防止板件变热。

6）对于车身边角不宜使用研磨机的位置，使用手工方法研磨，用柔软的布、厚绒毛巾或柔软的抛光盘蘸研磨剂进行研磨，如图4-43所示。

图4-42　机器研磨

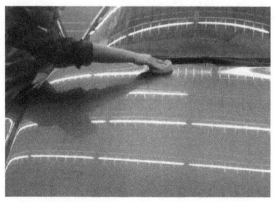

图4-43　手工研磨

7）用清水将研磨表面冲洗干净，如图4-44所示。

（3）确认研磨作业是否完成

1）首先观察漆面状况。当漆面被充分研磨后，油漆表面会呈现出规律、一致的螺旋纹而不是直线的划痕。

2）漆面没有明显的光泽度。

2. 抛光

抛光是紧接着研磨的第二道工序，漆面研磨后必须抛光，用研磨/抛光机作业，如图4-45所示。

图4-44 冲洗研磨表面 　　　　　　　　　　　　　图4-45 抛光

（1）抛光的作用 抛光主要用于清除研磨留下的细微划痕、消除漆面细微划痕（发丝划痕）和处理汽车漆面轻微损伤及各种斑迹，进而达到光亮无瑕的漆面效果。

（2）抛光的方法 具体操作方法与研磨施工基本相同，需正确选择抛光剂和抛光盘，抛光机的转速调整为1800～2200r/min。湿抛时（依据研磨剂的成分决定湿抛还是干抛）将抛光机的海绵盘用水充分润湿后，甩去多余水分，再取少量抛光剂涂于漆面，应每一小块进行一次处理，不可大范围涂抹。抛光机的抛光盘应平放于漆面上，保持与漆面相切，力度适中，速度均匀。抛光作业结束后，漆面浅划痕已基本消除，对于抛光作业中残留的一些发丝划痕、螺旋纹等，可通过漆面还原进行处理。

（3）确认抛光作业是否完成

1）观察漆面状况。经过充分抛光的漆面不能留有研磨后遗留的螺旋纹与划痕。

2）漆面光泽度非常好。

（4）研磨、抛光操作注意事项

1）研磨剂、抛光剂不可涂在抛光盘上，应断断续续涂薄薄的一层在待处理的漆面部位。不能涂得太多太厚，以免未用就已经干燥。

2）研磨、抛光作业时先将抛光盘轻压在表面上，然后再开抛光机，如果抛光机在接触表面前就旋转很容易划伤涂料。作业时应保证抛光盘与涂料表面完全接触，或者从表面稍稍提起，一定不能倾斜抛光盘而用其边缘，否则容易划伤表面。

3）研磨、抛光时应做到边看漆面、边看划痕、边抛光。抛光机的移动速度，开始时慢、收尾时快，漆面瑕疵多的地方用力要重而缓慢。

4）研磨、抛光时抛光机在涂料表面必须不停地移动，如果任其在一个地方停留若干时间，那么涂料便会被热软化以致磨穿漆面，或可能被抛光盘和嵌入涂料中的抛光剂划伤。

5）如果抛光剂干结在涂料上，而此时抛光，有可能造成涂料表面的划伤，应及时清除。如果有任何抛光剂干结在涂料上，必须用浸有水或抛光剂的擦布迅速擦去。

6）靠近板件边缘及特征线的涂层特别薄，从而很容易抛光过度。因此抛光盘的方向应是从涂装表面向外。

7）研磨、抛光作业可以手工完成。在手工抛光时应注意抛光运动路线，不可胡乱刮擦或环形运动，应该以车身纵向平行线为准往复运动。

8）用双手紧握抛光机，同时将电线或空气软管通过肩膀置于身后，以防电线或空气软管缠住。

9）在完成用抛光盘进行的抛光工序后，要彻底清洗抛光盘，并令其干燥。

10）欧美汽车的面漆涂层一般比较厚，而日本、韩国及国产车辆面漆涂层一般较薄。在研磨、抛光时要注意把握好分寸，千万别磨穿面漆。

3. 还原

还原是紧接着抛光的第三道工序，抛光后必须还原，用研磨/抛光机作业，如图4-46所示。

（1）还原的作用　还原剂也叫"镜面处理剂"。还原剂针对旋涡划痕、轻微划痕（图4-47）及车体表面轻微污垢、腐蚀、氧化等直接影响漆面镜面的症状，采用纳米抛光成分，迅速去除车体表面微小瑕疵，将原车漆的光泽还原回新车的状态，漆面像镜子一样平整光滑且有质感，因此还原也称为镜面处理。还原剂还在蜡和漆中间起绝缘的作用，以确保打蜡后的保质期。还原剂分为增艳剂和还原剂两种。还原剂以"消除最后的划痕，把车漆还原到新车状况"为主，如图4-48所示。增艳剂是在还原剂的基础上具有增艳作用，如图4-49所示。两者都能起到密封的作用。

图4-46　还原

图4-47　轻微划痕

（2）还原的方法　漆面还原的操作方法与研磨、抛光施工基本相同，要求正确选择抛光盘和还原剂。

1）洗车并将车体表面擦干。

图 4-48　还原剂　　　　　　　　　　　　　图 4-49　增艳剂

2）机械操作：按照 50cm 见方，将还原剂涂抹于漆面，研磨盘以 1000~1500r/min 的速度从里往外，匀速且力度适中地对漆面进行抛光，注意使抛光机的海绵盘保持与漆面相切，最后用柔软的毛巾手动擦去多余的还原剂。

3）手工操作：按照 50cm 见方，将还原剂用毛巾直接涂抹于车漆表面。用海绵轻柔地从里往外擦拭，去除划痕、污垢、腐蚀及氧化层等，然后用柔软毛巾抛光即可。如有必要，可反复涂抹。

（3）确认还原施工过程是否完成

1）观察漆面状况，经过充分还原施工的漆面不能留有抛光后遗留的螺旋纹或眩光。

2）漆面光泽度应达到镜面效果。

第五节　漆面褪色、失光的美容护理

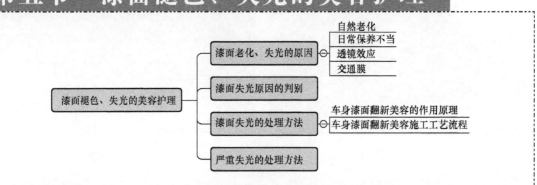

车辆在使用过程中，长期受日光紫外线照射，或用劣质洗车液洗车，进行不规范的抛光养护等都可能造成漆面老化失光，硬度和亮度下降，缩短漆面寿命，影响车体美观，因此必须对汽车漆面进行美容护理，以达到美观、保护的作用。

一、漆面老化、失光的原因

1. 自然老化

汽车使用中不可避免地要经受风沙尘土的吹打、雨雪泥水的冲击、沥青路面飞溅的沥青（图4-50）以及树胶、鸟粪、油污等的污染；汽车漆面长期与空气、酸雨以及阳光中的紫外线等直接接触；车身的涂料有一定的使用寿命，它总是通过不停地向空气中蒸发油分来达到保护自身的目的，时间长了会使漆面的油分消失，导致漆面亮度和厚度都大大降低，使漆面慢慢发白。因此当使用到一定时间后，自然老化是无法克服的，无论如何护理，漆膜氧化、失光及粉化等缺陷总会出现。

图4-50　沥青路面飞溅的沥青

2. 日常保养不当

1）洗车不当。洗车时，选用的水源、洗车剂的种类及冲洗水压的高低，是造成漆面失光的诱发因素。如水质不清洁，含有酸、碱性物质，或洗车液碱性较强，这些都会直接侵蚀车身漆膜；此外，冲洗时水压太高，也可使车身漆膜的罩光层受到冲刷而失光。因此，洗车时应使用清洁的水源和专业洗车液，冲洗车身的水压也不宜过高。

2）擦车不当。车身表面浮尘中含有许多硬质颗粒，在擦拭时，易导致漆面出现划伤，正确的方法是先冲洗，再擦拭。

3）日常护理不当。不重视日常护理，使车处于无护理状态运行，或日常护理的方法、时间或护理品选用不当，没有达到护理的目的。应按汽车行驶环境及车蜡的种类及时给车身漆面上蜡保护。

4）使用环境恶劣。汽车在烟尘严重的工地、工业污染严重的城市、盐雾严重的沿海地区行驶或停放，均会使车身漆膜遭受腐蚀，造成漆膜失光。因此，汽车应根据情况进行打蜡、底盘装甲（图4-51）等美容护理。

3. 透镜效应

如图4-52所示，透镜效应是指当车身漆面上存有小水滴时，由于水滴呈扁平凸透镜状，在阳光的照射下，对日光有聚焦作用，焦点处的温度很高，从而导致漆面被灼伤，出现肉眼

图 4-51　底盘装甲的效果

看不见的小孔，有些深达金属层。若灼伤范围较大，分布密度较高，漆面就会出现程度严重的失光。在日常护理中，要及时彻底地消除漆膜上的水滴，防止透视效应的产生。

4. 交通膜

所谓交通膜（图 4-53）是指当汽车高速行驶时，车体与空气摩擦产生的静电会吸住杂物，静电层如长期得不到及时消除，夜晚潮湿空气会加速吸附，形成严重氧化物，使漆面发生氧化侵蚀。为了避免和减少形成交通膜的可能性，通常采用打蜡和加装汽车防静电装置予以解决。

图 4-52　车身表面水滴

图 4-53　交通膜

二、漆面失光原因的判别

（1）自然老化导致的失光　若漆面无明显划痕，用放大镜观察漆面斑点较少，此类失光主要由氧化还原反应所致，属于自然老化失光。

（2）划痕导致的失光　若漆膜上分布较多的微细划痕，而且伤及底漆层，特别是在强光照射下更明显，这类失光为漆表划痕所致。

（3）透镜效应导致的失光　用放大镜仔细观察漆面，漆膜上出现较多的斑点，这些斑点实际上是灼伤的小孔，这类失光为透镜效应所致。

三、漆面失光的处理方法

漆面无明显划痕或浅划痕未伤及面漆层，用放大镜观察漆面斑点较小。对于此类失光，可先清洗研磨，消除表面的失光，然后上蜡抛光，进行美容护理，即可恢复漆膜光泽，此种处理方法属于漆面翻新美容。

漆面翻新美容是汽车车漆美容护理技术中最主要的组成部分，翻新技术的好坏直接关系到汽车美容护理的最终效果，因此熟练掌握翻新美容技术是从事汽车美容护理服务的基础。

1. 车身漆面翻新美容的作用原理

翻新美容处理是在抛光机上安装抛光盘，在漆面上涂上抛光剂，将抛光机转速调整到1800~2200r/min，抛光盘配合抛光剂与车漆摩擦产生静电，摩擦的同时产生热量使漆膜变软，毛细孔变大。在这种情况下，静电将漆面毛孔内的脏物吸出，抛光盘又将漆面微观的氧化层磨掉，并将细微的伤痕拉平填满；同时抛光剂的一些成分溶入漆膜，发生还原反应，进而改善漆面缺陷的状况，使车身漆面清洁如新、光滑亮丽。

2. 车身漆面翻新美容施工工艺流程

（1）车身清洗　用脱蜡清洗液将车身漆面粉尘、油渍、泥沙及污垢等污物彻底清洗干净。

（2）漆面研磨　漆面研磨的处理步骤如下：

1）首先判断是否需要研磨处理。从车的不同角度来观察车漆的亮度，通过感觉光线的柔和度、反向景物的清晰度等来判断。如果景物暗淡、轮廓模糊、有轻微划痕，则需进行研磨处理。

2）选择正确的漆面研磨剂。研磨剂在分类上没有特别的定义，每个生产厂家的标准都不同，如果混合使用不同品牌的产品时，很可能达不到满意的效果。因此，应尽量使用同一品牌的系列产品进行研磨处理。

3）漆面研磨。研磨时，首先用胶条把车身上所有与漆面相邻的金属件和橡胶件的边缘部分以及诸如车标、字母等都粘贴起来。将抛光机调整好转速。湿抛时（依据研磨剂的成分决定湿抛还是干抛）将抛光机的海绵盘用水充分润湿后，甩去多余水分，再取少量抛光剂涂于漆面，应每一小块进行一次处理，不可大范围涂抹。抛光机的抛光盘应平放于漆面上，保持与漆面相切，不可随意进行。

（3）抛光　如果漆面划痕不明显，目测观察时漆面景物暗淡、轮廓模糊，用手套上一层塑料薄膜纸来触摸漆面，如果感到发涩或有沙粒感时，可以不必进行研磨处理，直接进行抛光处理。

（4）还原　当整车漆面处理完毕后，漆面会很平滑、光亮，但有时会有一些极其细小的划痕或光环，为了保持漆面的平滑和光亮，必须进行还原处理。

（5）打蜡　漆面经过以上工序处理已经变得光滑亮丽，但为了保护车漆，还必须对漆面实施保护，如打蜡。

四、严重失光的处理方法

漆面粗糙失光，用放大镜仔细观察漆面，会发现漆面有较多的斑点，则说明漆面受侵蚀严重。此种情况不是护理性美容所能解决的，必须进行修复性美容操作，即要求进行重新涂装施工。对局部失光的则进行局部涂装，若全车漆面都严重失光则必须进行全车涂装。

第五章

Chapter 5

车身漆面修复美容

汽车漆膜是汽车车身表面重要的组成部分，关系到汽车外表的美观，因此其修补质量直接关系到汽车美容的效果。汽车修补涂装的任务是解决汽车的外表涂层因事故造成的损伤或使用多年产生的老化（如涂层开裂、变色、失光、粉化等），这就需要针对各种复杂情况进行修补或重新涂装，俗称补漆。

汽车修补涂装按修补的工作量，可分为局部修补涂装和整车修补涂装。前者仅对涂层损坏的部分或被事故损坏的经钣金修复的部分进行补漆；后者是因涂层老化或需改色进行整车重新涂装，对于老化车漆必须全部研磨掉再翻新。

汽车修补涂装的工艺要求是多变的，要求操作人员有较高的涂装作业技术，尤其是在局部修补涂装时的调色，要使修补面与原涂层的外观、光泽、颜色基本达到一致，要考虑到汽车的颜色、面漆的质地和面漆的状况，还有不少的潜在因素会引起颜色变化，其中有一些是操作人员无法控制的，因此要求操作人员具有丰富的实践经验和很高的操作技术。

第一节　汽车漆膜修补涂料

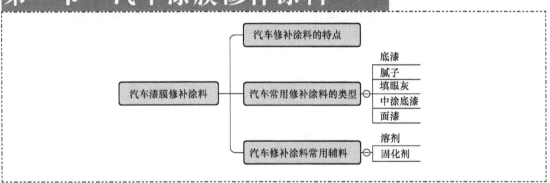

一、汽车修补涂料的特点

汽车修补涂料是指对汽车车身原厂涂层进行修补用的涂料，它与汽车原厂使用的涂料有所不同。汽车原厂漆是汽车出厂前统一涂装所用涂料，汽车厂对其整车所用涂料有专门要求，因此大多数汽车厂与造漆公司制订了特殊的供货协议。未经加工的金属车身，因没有其他塑料附件，加上喷涂作业在涂装生产线上温控环境下进行，故一般选用高温烘漆。而汽车修补涂装没有单一的作业，补涂的车型、形状、颜色都各不相同，因此多数不能按规定的工序进行作业，只能手工作业，且烘烤温度最高不能超过60℃，否则会破坏塑料附件。为实现其保护及装饰功能，修补时需使用不同的涂料类别，且不能由单个产品独立完成。

二、汽车常用修补涂料的类型

汽车涂料涂敷在汽车物料表面，干燥固化后形成连续的牢固附着的一层膜，主要包括底漆、腻子、中涂底漆和面漆等。

1. 底漆

如图5-1所示，底漆即底涂层用漆，它一般直接涂覆于施工物体表面或涂于腻子表面。它的作用，一是防止金属表面的氧化腐蚀，二是增强金属表面与腻子（或二道浆、面漆）、腻子与面漆之间的附着力。合适的底漆是面漆耐久、美观的前提。如果底漆不好，面漆的外观就会受影响，甚至出现裂纹或剥落。

用于制造底漆的树脂种类比较多，现在汽车涂装中以环氧树脂底漆（图5-2）和侵蚀底漆（图5-3）最为多见。环氧树脂底漆简称环氧底漆，是物理隔绝防腐底漆的代表。环氧树脂是线型的高聚物，由环氧丙烷和二酚基丙烷缩聚而成。

图5-1　底漆

图5-2　环氧树脂底漆

环氧树脂底漆具有极强的粘结力和附着力、良好的韧性和优良的耐化学品性。因此它具有如下优点：附着力极强，对金属、木材、玻璃、塑料、陶瓷及纺织物等都有很好的附着力和粘结力；涂膜韧性好，耐挠曲，且硬度比较高；耐化学品性优良，尤其是耐碱性更为突出；因为环氧树脂的分子结构内含有醚键，而醚键在化学上是最稳定的，所以对水、溶剂、酸、碱和其他化学品都有良好的抵抗力；良好的电绝缘性，耐久性、耐热性良好。

图5-3　侵蚀底漆

2. 腻子

腻子一般呈厚浆状，用来填平补齐底材上的凹坑、缝隙、孔眼、焊疤、刮痕以及加工过程中所造成的物面缺陷等，使底材表面平整，使面漆的丰满度和光泽度等能够充分地显现，仅用于汽车修补。腻子一般是涂刮在底漆上，在修补涂装场合也可直接涂刮在钢板上。现在汽车修补多使用双组分聚酯腻子，它是在使用前混合固化剂，靠化学反应快速干燥成膜，干后坚硬，能耐砂磨，如图5-4所示。

3. 填眼灰

填眼灰用于填补沙眼，施工容易、干燥迅速，如图5-5所示。

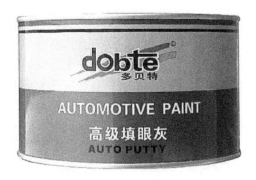

图5-4　腻子和固化剂　　　　　　　　　图5-5　填眼灰

4. 中涂底漆

中涂底漆（图5-6）是介于底漆涂层与面漆涂层之间的涂料，俗称二道浆。它的主要功用是与底漆及面漆具有良好的附着力和结合力，改善被涂工件表面和底漆涂层的平整度，为面漆涂层创造良好的基底，提高面漆涂层的装饰性（鲜映性和丰满度）和整个涂层的抗石击性。中涂漆具有良好的流平性，能提供良好的划痕填平性和增加面漆层的光泽度及丰满度。

> **注意：**对于表面平整度较好、装饰性要求又不太高的载货汽车和普通乘用大客车，在制造和涂装修理时不采用中涂底漆；对于装饰性要求很高的中、高级轿车则必须采用中涂底漆。

图5-6　中涂底漆

5. 面漆

面漆按照颜料成分及颜色效果的不同可分为纯色漆、金属漆和珍珠漆，如图5-7所示。

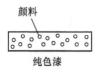 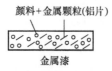

图 5-7　面漆的颜料类型

1）纯色漆。纯色漆又称为素色漆或磁漆，是将各种着色颜料研磨得非常细小，均匀地分散在树脂基料中而制成的具有各种颜色的涂料。

纯色漆在涂装后即具备良好的光泽度和鲜映性，涂膜厚度在达到 50μm 后即可显现完全的色调。因为纯色漆本身就具有良好的光泽度和鲜映性，所以在施工中整个面漆可以仅喷涂纯色漆层，可称为单工序纯色漆。有时需要在纯色漆层之外，再施涂一层罩光清漆，起到对色漆层的保护，同时可以提高色彩的丰满度，这种由两种涂层结合在一起形成的完整面漆，称为双工序纯色漆。

2）金属漆。金属漆在涂料生产厂商以及汽车维修作业中又具有不同的名称，如银粉漆、金属闪光漆（图5-8）、星粉漆、宝石漆等。金属漆基本上都是由金属粉颗粒（以铝粉颗粒最为普遍）和普通着色颜料加入树脂基料而制成的。

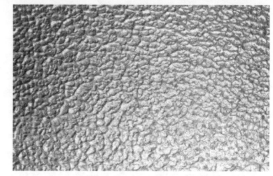

图 5-8　汽车金属漆的效果

将细薄的铝粉加入涂料后，可以造成正、侧面颜色的深浅不同，出现了闪烁效果。自金属漆问世以来，在汽车涂装上使用的比例越来越大，已经成为汽车进行修补作业时的主要项目。但因为金属漆的性质特殊，所以在调色及喷涂施工等方面要比素色面漆困难许多。在修补过程中，除调色需要一定的准确性外，还需要喷涂技巧的适当配合，这样金属面漆才能在汽车修补作业上发挥完美的效果。

3）珍珠漆。与金属漆的区别在于珍珠漆在树脂中加入的不是铝粉颗粒，而是表面镀有金属氧化物的云母颗粒。云母颗粒除可以反射一定的光线外，还可以透射和折射部分光线，因此这种面漆可以使被涂物表面产生类似珍珠的光晕，有的从不同的角度观察还可以得到不同色相的特殊效果，如图5-9所示。

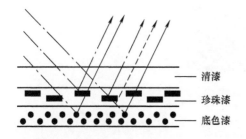 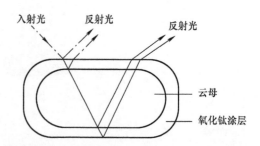

图 5-9　珍珠漆的色彩

4）清漆。清漆又称为罩光清漆，为透明涂料，用于保护底色漆、银粉漆、珍珠漆，具有抗氧化、抗紫外线的功能并能提高漆面的光泽度，使车辆显出艳丽的色泽。

三、汽车修补涂料常用辅料

1. 溶剂

溶剂是将液态涂料稀释到正确的喷涂黏度的挥发性液体，故又称为稀释剂，俗称稀料，如图 5-10 所示。每种涂料都有专用稀释剂，都由多种溶剂精心配制混合而成。它们具有不同的挥发速率，对漆基（各种树脂）的溶解力和稀释能力，使用中应根据施工现场的气温或季节推荐不同牌号或快干、标准、慢干型稀释剂。若选择不当会影响稀释率和施工性能，严重时会产生漆膜弊病，甚至报废。施工中选用漆厂推荐的或配套的专用稀释剂较稳妥。

图 5-10　稀释剂和驳口水

匀化稀释剂是多种溶剂的特殊混合物，用来匀化或消除局部或修补喷漆接边部位的虚雾、干漆粒，故又称为驳口水。它与一般稀释剂的不同之处是挥发慢、溶解力强。

2. 固化剂

固化剂在涂料的组成中参与涂膜的干燥（固化）反应，起引发、固化交联反应的作用，用量较大，是双组分或多组分涂料的组分之一，如图 5-11 所示。主料与固化剂在储运过程

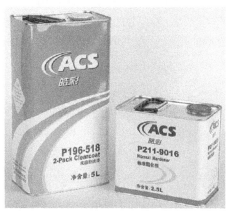

图 5-11　固化剂

中必须分装，在使用前按规定的比例混合，混合后的使用寿命短的只有几分钟，长的一般不到8h。借助于各种固化剂使各种合成树脂涂料能在室温下快干或降低固化温度到80℃以下。

第二节　汽车漆膜修补工具与设备

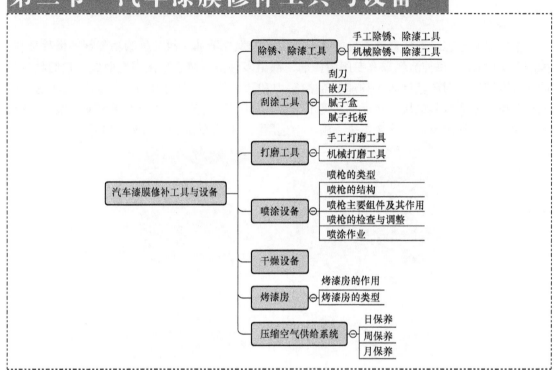

一、除锈、除漆工具

在汽车修补喷漆之前，应将作业面的锈蚀清除干净，破损漆层清理平整，然后才能进行底漆、腻子等的施工。

1. 手工除锈、除漆工具

手工除锈、除漆是一种最简单的除锈、除漆方法，使用的工具主要有刮刀（图 5-12）、扁铲、钢丝刷（图 5-13）、锉刀（图 5-14）、废砂轮片、砂纸等，通过手工敲、铲、刮、刷等操作，达到除锈、除漆的目的。使用手工除锈工具除锈操作费力、工效低、效果差。但该方法对被涂物的形状、施工条件限制较小，能适应任何结构和施工条件，且简便易行，因此

图 5-12　刮刀

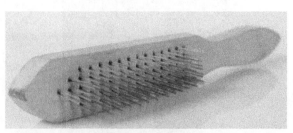

图 5-13　钢丝刷

仍是局部及部件等小工作量除锈、除漆的主要工具。

2. 机械除锈、除漆工具

机械除锈、除漆是利用机械产生的冲击、摩擦作用对工件表面进行除锈、除漆，机械除锈、除漆速度快，质量好，工作效率高，是目前应用比较广泛的一种除锈、除漆方法。机械除漆在去除旧涂膜的同时也能彻底清除锈蚀，能一步达到除膜、除锈的目的。常用的工具有电动除漆/除锈机、气动除漆/除锈机、电动或气动砂轮机（图5-15）等。

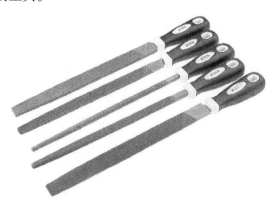

图5-14 锉刀

手提式电动砂轮机是利用砂轮的高速运转除去铁锈，效果较好，特别对较深的锈斑。它可以在手中随意移动，其工作效率高，施工质量也较好，使用方便，是一种较理想的也是比较普遍采用的除锈工具。电动砂轮机主要由电动机和打磨盘组成，打磨盘上有打磨砂轮片。砂轮片是易耗品，根据砂轮片的砂粒及直径大小分为不同规格，以便进行粗磨、中粗磨和细磨。

电动（气动）钣金除漆/除锈机的工作原理和电动砂轮机是一样的，它适用于清除钣金旧漆和铁锈，不伤钣金表面。

气动小型除漆/除锈机用于小面积边角部位除漆、除锈。

a) 电动砂轮机　　　　　　　　　　　　　　b) 气动砂轮机

图5-15 砂轮机

二、刮涂工具

在汽车维修过程中，外表经钣金工的敲补、焊接后，还须用腻子填补磨平。常用工具有调拌腻子盒（木制或金属制作）、托腻子板、腻子铲刀、腻子刮刀（又分牛角刮刀、橡胶刮刀、钢片刮刀）等，如图5-16所示。

1. 刮刀

刮刀是腻子刮涂作业中的主要工具。按软硬程度的不同，刮刀可分为硬质刮刀和软质刮

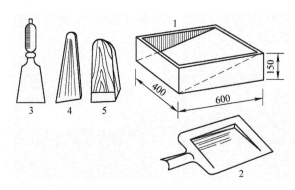

图 5-16　刮腻子常用工具

1—调拌腻子盒　2—钢制腻子板　3—腻子铲刀　4—牛角刮刀　5—橡胶刮刀

刀。刮板结构简单，可以根据需要自制。

（1）硬质刮刀　硬质刮刀适用于大面积的刮涂作业，如大的凹坑、大的平面缺陷部位等，由于其刮口硬度较高，易于刮涂平整，工效高、材料省。硬质刮刀主要有金属刮刀和塑料刮刀。

1）金属刮刀。金属刮刀主要有钢片刮刀（图 5-17）和轻质合金刮刀等，是目前使用中最多的一种。金属刮刀具有一定的弹性，可根据个人使用习惯进行选择。一般钢片刮刀的厚度为 0. 5 ~ 4mm，刮口宽度为 120 ~ 150mm（刮口宽度可根据施工要求灵活制作）。

2）塑料刮刀。塑料刮刀常用硬质聚氯乙烯及环氧树脂制成，也可根据需要选择稍软一点的材料制成半硬刮刀，其耐磨性差，温度对其柔软性影响较大。

（2）软质刮刀　软质刮刀主要适用于刮涂圆弧形、曲面形状的部位，主要有橡胶刮刀和塑料刮刀。

1）橡胶刮刀。橡胶刮刀采用耐油橡胶制成，刮口面磨成斜口，又称橡皮刮板，如图 5-18 所示。大的橡胶刮刀厚度为 6 ~ 8mm，刮口宽度为 100mm 左右；小的橡胶刮刀厚度为 3 ~ 4mm，刮口根据施工需要选择。

2）塑料刮刀。塑料刮刀用软质塑料制成，刮口面磨成斜口，形状大小根据需要制作，基本要求与橡胶刮刀相同。

2. 嵌刀

嵌刀如图 5-19 所示，用普通钢制成，两端有刃口，一端为斜刃，另一端为平刃。也有

图 5-17　金属刮刀

图 5-18　橡胶刮刀及刮涂手势

图 5-19　嵌刀

用钳工手锯条磨出刃口缠上胶布做嵌刀使用。用于将腻子嵌入孔眼、缝隙或剔除转角、夹缝中的异物。

3. 腻子盒

如图5-20所示，腻子盒采用1.0~1.5mm低碳钢板制成，用于调配腻子或盛装腻子。

4. 腻子托板

如图5-21所示，腻子托板用钢板或木板等制成，在刮腻时放少量腻子以方便施工。也可用较厚的大型钢刮刀代替。

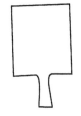

图5-20 腻子盒   图5-21 腻子托板

三、打磨工具

1. 手工打磨工具

汽车车漆修补手工打磨工具主要是打磨垫、砂纸（布）。

（1）打磨垫（打磨块）　常用的手工打磨工具是打磨垫（打磨块），如图5-22所示。

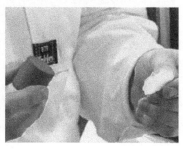

图5-22 手工打磨垫

（2）砂纸　砂纸（图5-23）是打磨工具的辅助材料，可手持或包在垫板上进行打磨。砂纸（布）是用粘合剂把磨料粘在特制的纸或布上制成的，用于打磨钢铁表面、腻子层及涂膜表面。砂纸用磨料粒度数码表示，数码越小，磨料越粗。磨料粒度不同，用途也不同。

漆膜修补作业常用砂纸的规格主要有 60、120、150、200、220、300、400、500、600、800、1000、1500、2000 等。

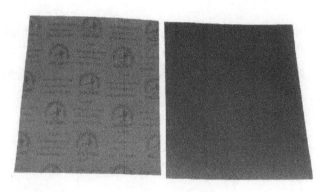

图 5-23　砂纸

2. 机械打磨工具

打磨机广泛地应用于涂装工艺中，其上附有砂纸，用于打磨油漆表层、腻子或二道底漆；它能有效地提高工作效率、降低操作人员的劳动强度及提高涂装质量。

机器打磨可以利用电力驱动，也可以利用压缩空气驱动。喷漆车间内有易燃物品，要尽量减少电动工具的使用，因此主要采用压缩空气驱动的气动打磨机。气动打磨机是利用贴附砂纸对表面进行打磨的设备，主要有四种类型：

（1）单作用打磨机　打磨盘垫绕固定点转动，砂纸只做单一圆周运动，称为单一运动圆盘打磨机或单作用打磨机，如图 5-24 所示。这种打磨机的转矩大，速度低，主要用于刮去旧涂层，其打磨痕为大圆弧形，且较深；速度高的用于漆面的抛光，也就是抛光机。

（2）往复直线式打磨机　砂垫做往复直线运动的，称为直线式打磨机（图 5-25），主要用于车身上的特征线和凸筋部位的打磨。

图 5-24　单作用打磨机

图 5-25　往复直线式打磨机

（3）双作用打磨机（偏心振动式）　打磨盘垫本身以小圆圈振动，同时又绕自己的中心转动，因而兼有单运动及轨道式打磨机的运动特点（图 5-26），切削力比轨道式打磨机强，打磨痕为大小交错的圆弧形，较浅（图 5-27）。在确定打磨机用于表面平整或初步打磨时，要考虑轨道的直径，轨道直径大的打磨较粗糙，反之较细。

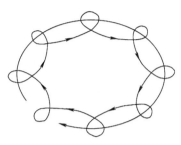

图 5-26　双作用打磨机及运动特点

图 5-27　双作用打磨机打磨痕

（4）轨道式打磨机　轨道式打磨机的砂垫外形都呈矩形，便于在工件表面上沿直线轨迹移动，整个砂垫以小圆圈振动，此类打磨机主要用于腻子的打磨，如图 5-28 所示，打磨痕为小圆弧形，较浅，如图 5-29 所示。该类打磨机可以根据工件表面情况选用各种尺寸的砂垫，以提高工作效率，轨迹直径亦可改变。

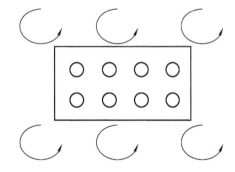

图 5-28　轨道式打磨机

四、喷涂设备

喷枪是涂装修补的关键设备，喷枪的功能是利用压缩空气的压力将液体雾化，形成雾状射流，雾化使涂料形成细小且均匀的液滴，当这些小液滴被以正确的方式喷上汽车表面后就

图 5-29　轨道式打磨机打磨痕为小圆弧形，较浅

会形成薄厚均匀具有光泽的薄膜。喷枪的类型和规格较多，适用于不同场合的喷涂。喷枪的质量会对涂装修补的质量带来重大影响。

1. 喷枪的类型

空气喷枪根据涂料的供给方法分为吸力式、重力式和压力式三种（图 5-30），修补涂装常用吸力式和重力式，按涂料罐的安装位置常称为下壶枪和上壶枪。根据空气帽的类型，喷枪又分为外部混合型喷枪和内部混合型喷枪。根据喷枪的用途又分为底漆枪、面漆枪和修补喷枪。各式喷枪的优缺点见表 5-1。

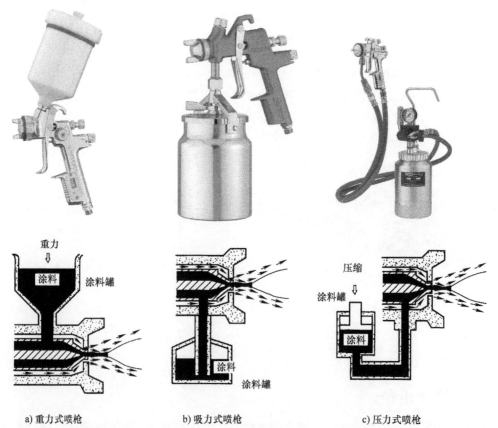

a) 重力式喷枪　　　　　b) 吸力式喷枪　　　　　c) 压力式喷枪

图 5-30　喷枪的种类

表5-1 各式喷枪的优缺点

类型	涂料进给方式	优点	缺点
重力式（上壶枪）	涂料罐安装在喷嘴上方，用涂料重力及喷嘴处的吸力供应涂料	涂料黏度变化出漆量不会变化，涂料罐的位置可按喷涂件的形状变更角度，节省涂料	由于涂料罐安装在喷嘴上方，反过来就会影响喷枪的稳定性；涂料罐容量小，不适合喷涂较大的表面，多用于修补喷涂
吸力式（下壶枪）	涂料罐安装在喷嘴下方，仅用吸力供应涂料	喷枪工作稳定，便于向涂料罐加涂料或变换颜色	喷涂水平表面困难，黏度变动导致出漆量变化。涂料罐比重力进给式大，因而涂装人员较易疲劳
压力式	用压缩空气罐或泵给涂料加压	喷涂大型表面时不必停下来向涂料罐内加涂料，也可以使用高黏度涂料	不适合小面积喷涂，变换颜色及清洗喷枪需要较多时间

2. 喷枪的结构

典型的喷枪由枪体和喷枪嘴组成。图5-31所示为一典型的吸力进给式空气喷枪的结构图。枪体主要由扇面调节螺钉、涂料调节螺钉、空气调节螺钉、进漆口、压缩空气进气口、扳机、手柄组成；喷枪嘴由气帽、涂料喷嘴、顶针组成。

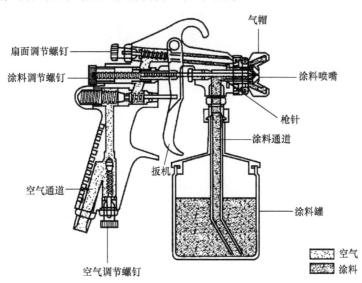

图5-31 吸力进给式喷枪结构

3. 喷枪主要组件及其作用

1）涂料调节螺钉。如图5-32所示，通过调节螺钉来控制涂料喷出量。如果拧松调节螺钉，涂料喷出量增加；拧紧该螺钉，涂料喷出量减少。

2）扇面调节螺钉。它的作用是调节喷雾图形（图5-33）。拧松螺钉，喷雾形成椭圆形状；拧紧螺钉，喷雾形成较圆形状。椭圆形状比较适合喷涂大的工作表面，圆的形状比较适合喷涂小的工作表面。

3）空气调节螺钉。它的作用是调节空气压力，如图5-34所示。拧松调节螺钉增加空气

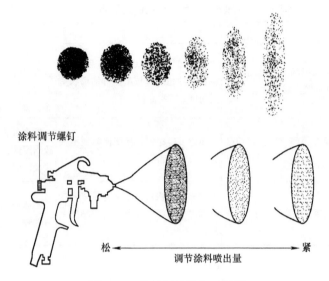

图 5-32　涂料调节螺钉示意图

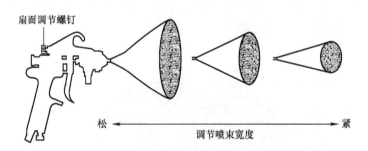

图 5-33　扇面调节螺钉示意图

压力；拧紧调节螺钉降低空气压力。

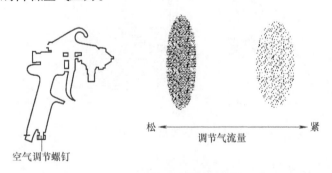

图 5-34　空气调节螺钉示意图

空气压力不足会影响涂料雾化的程度，而空气压力过大，则会使更多的涂料溅散，增加所需的涂料量。

4）气帽。气帽把压缩空气导入漆流，使漆流雾化，形成漆雾。气帽上有中心气孔、雾化气孔、扇面控制气孔，如图 5-35 所示。中心气孔位于喷嘴末端，用来产生真空以排出涂料；雾化气孔促进涂料的雾化，喷出空气量的多少与涂料雾化好坏有很大关系；扇面控制气孔可控制喷雾的形状，如图 5-36 所示。

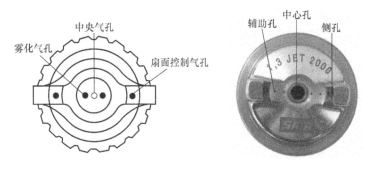

图 5-35　气孔名称

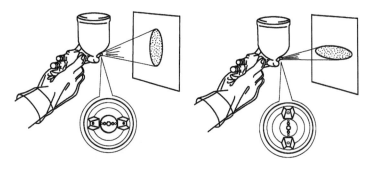

图 5-36　气帽与喷雾扇形的关系

5）涂料喷嘴。涂料喷嘴的作用是控制喷漆量，并把漆流从喷枪中导入气流，如图 5-37 所示。涂料喷嘴内有顶针内座，顶针顶到内座时可切断漆流。从喷枪喷出的实际漆量由顶针顶到内座时涂料喷嘴开口的大小决定。涂料喷嘴有各种型号，可以适应不同黏度的涂料。涂料喷嘴口径越大涂料喷出量越大，因此防锈底漆等下层涂装常用大口径的涂料喷嘴。

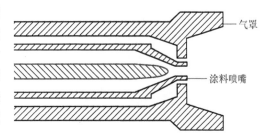

图 5-37　涂料喷嘴示意图

6）扳机。拉动扳机，空气和涂料便会喷出（图 5-38）。扳机为两段式，扣下扳机时，气阀先开放，从空气孔喷出的压缩空气在涂料喷嘴前形成低压区，再用力扣下时，涂料喷嘴开口，吸入涂料。

4. 喷枪的检查与调整

对于喷枪的检查与调整，在喷涂底漆、二道浆和面漆之前都要按规定进行。

（1）检查　喷杯（涂料罐）上的气孔无污垢堵塞；喷杯上的密封圈无渗漏。

（2）调整　喷枪的调整主要包括压力调整、喷幅调整和漆流量调整。

①压力调整。严格按照涂料厂商提供的产品说明书中相应的施工参数调整喷枪的压力。由于有管道阻力的存在，空气从干燥器调压阀流到喷枪时压力有所损失，其差别取决于输气管的长度和直径。解决措施之一是在软管接头和喷枪之间接一个带压力表的调压阀，用来检

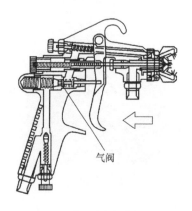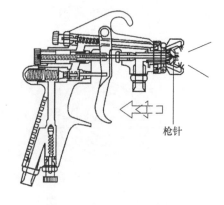

轻拉只让空气喷出　　　　　　　　　　进一步拉动还可以让涂料喷出

图 5-38　扳机动作示意图

查和控制喷枪压力，如图 5-39 所示；也可以使用带内置数字显示式压力表的喷枪，如图 5-40 所示。

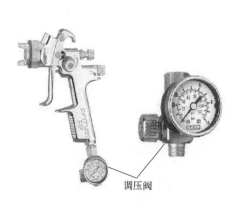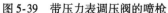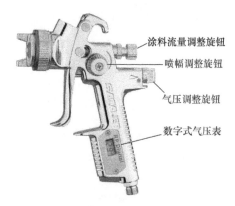

图 5-39　带压力表调压阀的喷枪　　　　图 5-40　带内置数字显示式压力表的喷枪

最佳压力是指获得适当雾化、挥发率和喷雾扇形宽度所需的最低压力。压力过高会因飞漆而浪费大量涂料，到达涂装表面前溶剂挥发过快，导致涂料流平性差，容易产生橘皮等缺陷；而压力过低则会因保留的过多而造成干燥性能差，漆膜容易起泡和流挂。

② 喷幅调整。把喷幅调整旋钮拧到底可得到最小的圆形喷幅，逐渐拧出则喷幅逐渐加大成椭圆形状，旋钮全拧得到最大喷幅，如图 5-41 所示。

③ 涂料流量调整。通过涂料流量调整旋钮选定雾形调整漆流量，将调整旋钮拧出时涂料流量增大，调整旋钮拧入时涂料流量减小，如图 5-42 所示。

④ 涂料分布测试。通过雾形测试，看流挂情况，检查喷枪调整是否正确。如图 5-43 所示，将空气帽的喇叭口转成竖直位置，使喷涂的椭圆形状呈水平方向。垂直对准试喷板保持约 20cm 的喷射距离，按下扳机进行喷涂直到涂料出现流挂现象，结果如图 5-44 所示。

如果各项调整正确，各段流挂的长度应近似相等，如图 5-44a 所示；如果流挂呈分离形状，如图 5-44b 所示，则说明喷幅过宽、气压太低或涂料黏度过低，把喷幅调整旋钮拧入半圈，或把气压提高一些，交替进行这两项调整，直到流挂均匀；如果流挂中间长、两边短，

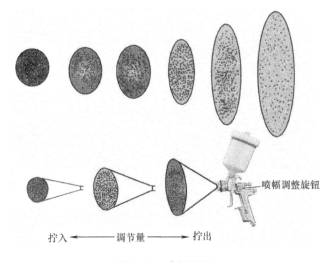

喷幅调整旋钮

拧入 ← 调节量 → 拧出

图5-41 喷幅调整

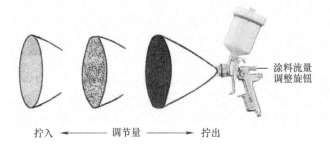

涂料流量调整旋钮

拧入 ← 调节量 → 拧出

图5-42 涂料流量调整

如图5-44c所示，则说明涂料流量过大或涂料黏度过高，调节涂料流量调整旋钮，直至流挂均匀。

5. 喷涂作业

要想获得良好的涂装效果，正确的喷涂与调整是非常重要的。喷涂作业的操作要领如下。

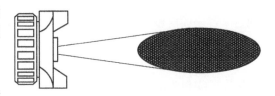

图5-43 转动空气帽调整试喷图形

a) 合适的喷涂图形　　b) 分离的喷涂图形　　c) 中间过重的喷涂图形

图5-44 雾形测试

1）喷枪与喷涂表面的角度。在喷涂过程中，喷枪无论是在竖直方向还是在水平方向移动时都必须与喷涂表面始终保持垂直。施工人员双脚分开，比肩稍宽，一般右手持枪，左手抓住空气软管，并使软管从右肩上部通过，持枪手臂应处于待喷区域（或一次喷涂区域）水平方向的中间位置，喷涂过程中必须左、右移动整个身体，但不能跨步，也不允许由手腕或肘部做弧形的摆动。水平方向的持枪操作如图 5-45 所示，竖直方向的持枪操作如图 5-46 所示。

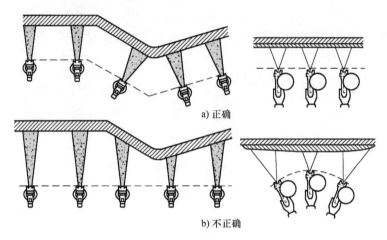

a) 正确

b) 不正确

图 5-45 喷枪与喷涂表面的角度（水平方向）

2）喷枪与喷涂表面的距离。正常的喷涂距离应与喷枪的气压、喷幅大小以及涂料种类相配合。一般的喷涂距离为 20cm 左右，按涂料生产厂商提供的工艺条件操作。实际距离可通过试喷确定，如图 5-47 所示。如果喷涂距离过短，喷涂气流速度就较高，会使涂层出现波纹；如果距离过长，就会有过多的溶剂在到达涂装表面前被蒸发了，导致涂层出现橘皮或发干，并影响颜色效果。

3）喷枪的移动速度。喷枪的移动速度与涂料的干燥速度、涂料黏度以及环境温度有关，一般以 30 ~ 60cm/s 的速度匀速移动。速度过快，会导致涂层过

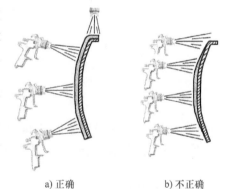

a) 正确　　　　b) 不正确

图 5-46 喷枪与喷涂表面的角度
（竖直方向）

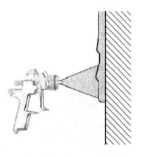

a) 距离过短涂料堆积

b) 距离过长喷雾落到喷涂表面时已经无力

图 5-47 喷枪与喷涂表面的距离

薄；速度过慢，会导致涂层过厚，易出现流挂；而如果速度不均匀，忽快忽慢，则会导致涂层厚薄不均。

4）喷涂压力。正确的喷涂压力与涂料的种类、稀释剂的种类、稀释后的黏度和喷枪的类型等有关，一般调节至 $2.0 \times 10^5 \sim 2.5 \times 10^5 Pa$（具体压力应参照涂料生产厂商提供的说明而定），或进行试喷确定。压力过低将造成雾化不好，会使稀释剂挥发过慢，涂层易出现"流泪""针孔""气泡"等缺陷；压力过高会使稀释剂过分蒸发，严重时形成干喷现象。

5）喷枪扳机的控制。喷枪扳机扣得越紧，液体流速越大。为避免每次走枪行将结束时所喷出的涂料堆积，一般要放松板机，以减小供漆量，如图5-48所示。

扣扳机的正确操作一般分四步：先从遮盖纸上开始走枪，扣下扳机一半，仅放出空气；当走枪到喷涂表面边缘时，完全扣下扳机，喷出涂料；当走至另一边缘时，松开扳机一半，涂料停止流出；反向喷涂前再向前移动几厘米，然后重复上述操作。

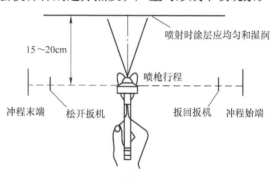

图5-48 喷枪扳机的控制

在"点修补"或新喷涂层与旧涂层的边缘润色加工时，需要进行"收边"操作。走枪开始时不扣死扳机，供漆量很小，随喷枪的移动，逐渐加大供漆量，直到走枪行将结束时再将扳机逐渐松开，使供漆量减少，从而获得一种特殊的过渡效果。

五、干燥设备

干燥设备也称烘干设备，其种类很多，按加热或传热方式不同可分为对流式干燥设备、辐射式干燥设备和感应式干燥设备等。目前，我国常用的干燥设备主要是辐射式干燥设备，其特点是自内层向外干燥，干燥速度快，热损耗小，可大大缩短干燥时间；干燥质量好，漆层干燥均匀；设备结构简单，可调节，可用于局部加热。以红外线为辐射源的干燥设备称为红外线干燥设备，如图5-49所示。

六、烤漆房

烤漆房将喷漆和烤漆合二为一，如图5-50所示。根据涂膜的成膜机理，无论是自然挥发成膜还

图5-49 红外线干燥设备

是化学反应交联成膜，在适宜的高温情况下，都会加快速度，提高涂膜的质量和工期，使生产效率提高。因此设立烤漆房，使漆膜加快干燥、固化，保持工作环境更干净，提高工作效率和工作质量。

1. 烤漆房的作用

因在维修涂装中的汽车整车经不起高温烘烤，所以汽车修补涂装中一般使用的是自干型或双组分型涂料。为了提高涂装效率和涂层质量，可选用低温烘烤型涂料和低温烘烤设备。

在修补涂装产量大的场合，一般都独立设置一套低温烤漆房，烤漆房内的气流路径如图 5-51 所示。在局部修补时，还可使用移动式烘烤设备。

图 5-50　烤漆房

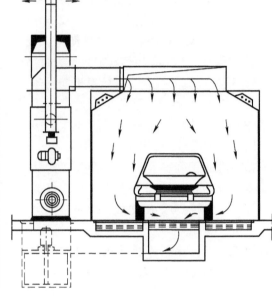

图 5-51　烤漆房内的气流路径

烤漆房可以单独设置，也可以与喷漆房连成一体。如果喷漆房带有无尘的干燥室，可以加速漆膜的干燥。如图 5-52 所示，在普通维修企业通常使用喷–烤两用房（俗称烤漆房），即可以在其中进行喷涂施工，等涂膜经过充分晾干后，再实施烘烤工序。可满足修补涂装中的喷涂施工和低温烘烤两方面的要求，但工效低且漆雾粒子的除净率低。

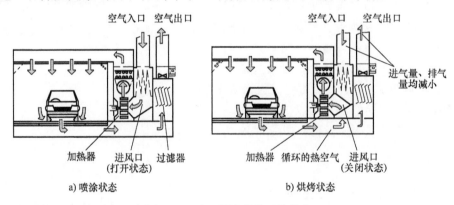

图 5-52　喷–烤漆房的工作状态

2. 烤漆房的类型

根据烤漆房对漆膜的干燥方式不同，有热空气对流式烤漆房和辐射式烤漆房。

1）热空气对流式烤漆房。如图 5-53 所示，热空气对流式烤漆房采用热风对流加热方式，被烘干件的金属底材温度在烘烤过程中不超过 80℃。热源一般由煤油、柴油、废油、天然气、电力或蒸汽产生。

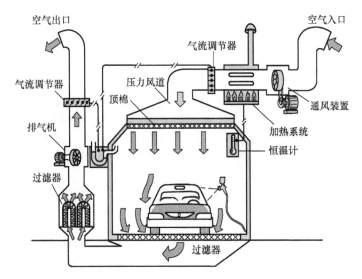

图 5-53　热空气对流式烤漆房

2）辐射式烤漆房。烘烤干燥方式除热空气对流式外，也可采用辐射式（图 5-54）。可将辐射式干燥器根据烤漆房的结构合理布置在内，也可用于局部烘烤。

图 5-54　辐射式烤漆房

七、压缩空气供给系统

压缩空气供给系统用于提供充足的达到预定压力值的压缩空气，以确保喷涂车间所有的气动设备都能有效工作。空气喷漆系统是利用压缩空气的作用将涂料均匀地喷涂在待喷表面上，其基本原理图如图 5-55 所示。为了获得高质量的喷涂表面层，除了精心调制涂料之外，保持压缩空气供给系统的高效和稳定运转是十分重要的。

压缩空气供给系统主要由空气压缩机、储气罐、空气压缩机的控制系统、调压器、油水分离器、空气冷冻干燥机、管路等组成。

为了供气系统能有效的工作，延长系统部件的使用寿命，工作人员要按规定的保养方案进行日常的维护保养。一般而言供气系统的保养分为日保养、周保养和月保养几种。

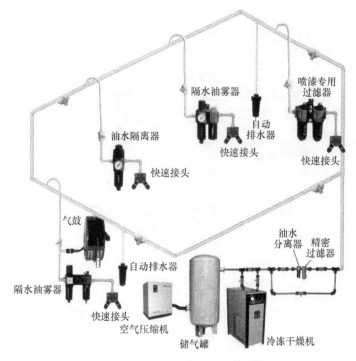

图 5-55　空气喷漆系统的基本原理图

1. 日保养

1）放掉储气罐、油水分离器内的冷凝水，特别是在空气湿度比较大时，每天要多放几次。

2）检查曲轴箱的润滑油面，油面应保持充足的水平，但注意不要过高，以避免润滑油消耗过多。

3）在没有 SAE10 和 20 号重润滑油的情况下，可以使用 SAE W-30 跨等级润滑油。但这种润滑油中的添加剂，会产生炭的残余物从而破坏表面光泽。在那些容易造成坚固的积炭的情况下，如果先使用一种能清除积垢的润滑油可以获得满意的效果。

4）使用这种去垢润滑油之前，应将活塞、活塞环、气缸和气缸头清洗干净，因为去垢润滑油会将这些部件上的积炭腐蚀下来，从而会堵塞通气口，损坏储气罐和轴承。

2. 周保养

1）拉开安全阀上的拉环，使其打开。如果该阀工作正常，就会像下面介绍的那样排气。若安全阀装在储气罐或单向阀上，则在罐内存有高压气时排气；若安全阀装在压缩机内置冷却器上，则在压缩机工作时排气。然后用手指将拉出来的杆推回去。当安全阀不能正常工作时，应立即维修或更换。

2）清洗空气滤清器的毛毡或海绵等过滤件，用防爆溶剂清洗干净后，晾干重新装好。如果滤清器太脏，就会降低压缩机的效率和增加润滑油的消耗。

3）清洗或吹掉气缸、气缸头、内冷机、后冷机及其他容易集灰尘或脏东西的压缩机和它附属设备部件上的小颗粒。干净的压缩机工作时的温度较低，而且使用寿命也较长。

3. 月保养

1）添加或更换曲轴箱内的机油。当工作环境较干净时，机油应每 500 工作小时或每 6 个月换一次（满足两个条件之一就应更换）。如果工作环境不够干净，就应缩短更换的周期。

2）调节压力开关的关机/开机设定点。

3）检查每次关掉电动机时泄放阀或 CPR 的排气压力是否正常。

4）上紧带轮以防打滑。如果 V 带发松，电动机转轮在工作时就会发热。而当 V 带上得过紧时，就会使电动机负载过重，从而导致电动机和压缩机轴承过早磨损。

5）检查并调整松动的电动机转轴和压缩机飞轮。注意进行操作时必须取下 V 带防护罩的前半部分。

6）上紧压缩机上所有的阀芯或气缸盖，确保每个气缸不会松动，以免损坏气缸或活塞。

7）检查压缩机附件和供气管道系统有无空气泄漏。

8）关闭储气罐排气阀，检查泵气时间是否正常。

9）检查是否有异常的噪声出现。

10）检查并纠正机油泄漏的现象。

11）另外还应进行上面介绍的周保养的内容。

第三节　色漆的调配

```
                                    ┌─ 调漆机
                                    ├─ 电子调漆秤
                     ┌─ 调色设备与工具 ├─ 阅读机
                     │                ├─ 调色电脑
                     │                ├─ 色母海报
                     │                └─ 比色卡
                     │
                     │                ┌─ 查找汽车涂层颜色资料
                     │                ├─ 调色的程序及方法
 色漆的调配 ──────────├─ 利用色卡进行调色 ├─ 没有涂层颜色代码(原厂编号)时的调色
                     │                └─ 涂料用量
                     │
                     │                ┌─ 电脑调色简介
                     └─ 利用电脑进行调色 └─ 电脑调色程序
```

汽车修补涂装中，喷面漆前要先调配面漆颜色。虽然原汽车生产厂都会在车身标注油漆编号，可据此查得油漆配方，但是修补的汽车面漆往往都是经过各种环境侵蚀的，已经与新出厂时的颜色有了色差，而修补涂装时只能以现实涂层颜色为标准，因此只能通过喷制一系列的调色卡片与修补部位颜色对照，找出最接近的颜色和配方，这就叫调色。调色主要是用于调配修补涂装中的面漆。另外随着现代汽车颜色的迅速演变，很多颜色本来就没有现成的配方，必须由涂装技师根据情况，自己运用一些基本的色母进行调配。

一、调色设备与工具

汽车修补涂装中，常用的调色设备有调漆机、电子调漆秤、阅读机、调色电脑、色母海报、比色卡、分色仪、烘箱、配色灯、试验样板、比例尺、容器等。

1. 调漆机

调漆机又称油漆搅拌机，各大涂料公司都有调漆机及其配套产品。调漆机配有电动机和搅拌桨，利用这种工具很容易混合倒出涂料，如图5-56所示。

> **注意**：涂料中的树脂、溶剂及颜料因密度不同，经过一段时间就会分离，因此在使用前需要充分混合。

2. 电子调漆秤

电子调漆秤是一种称量涂料用的专用天平，用来辅助计算适当的混合比，由托盘秤、电子显示器和集成电路板组成，如图5-57所示。

电子秤的操作程序：

1）水平放置电子秤，避免高温、振动。

2）打开电子秤总电源开关，按下电子秤电源开关，暖机5min。

3）按下归零键，将被秤物置于秤板中心，依序操作。

4）使用完毕后，按下电子秤电源关闭键，关闭电子秤电源总开关。

> **注意**：使用时应水平放置，并避免高温和振动。

图5-56　调漆机

图5-57　电子调漆秤

3. 阅读机

目前国内查阅油漆配方的方法有胶片调色和电脑调色两种。胶片调色即通过阅读机阅读胶片、查配方，因为这种方式成本低、操作简单，所以目前采用较多。配方微缩胶片又称菲林片，胶片中列出汽车生产厂商、生产厂颜色编号、颜色、配方等。用户根据生产厂商提供的颜色编号可找到相应的配方，查找容易，使用方便，如图5-58所示。

4. 调色电脑

电脑调色即电脑中存有所有色卡配方，用户只需将自己所需漆号和用量输入电脑，就可以直接计算出配方数据。电脑调色使复杂的调漆工作变得简单而准确，调漆质量也有较大提高，而且数据更新容易，是一种先进的调色方法，如图5-59所示。

图5-58　电脑调漆阅读机

图5-59　调色电脑

5. 色母海报

色母海报是由汽车修复涂料供应商提供的表现其色母特性的色卡。各家供应商所提供的色母指南有所不同，但目的是相同的，也就是使调色人员能够明了、直观地理解该品牌色母的特性，方便调色，如图5-60所示。

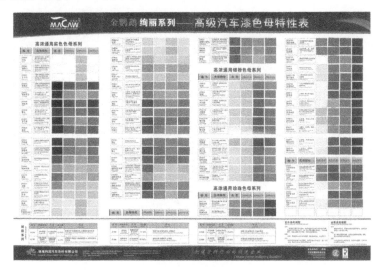
图5-60　色母海报

6. 比色卡

比色卡由100%品牌油漆原材料喷涂，使用颜色类别编排，能简便、准确地核对颜色的属性。所有知名品牌的涂料供应商除了定期为其客户提供国际市场上最新推出的汽车颜色的配方外，还会给客户提供这些汽车颜色的比色卡，如图5-61所示。

比色卡是很重要的调色工具，一套完整、齐全的比色卡会起到事半功倍的效果。即使在现代最严格、科学的控制下，从生产线下来的汽车颜色还是会存在误差的，这就是差异色。

二、利用色卡进行调色

1. 查找汽车涂层颜色资料

调色的工艺流程图如图 5-62 所示。不同汽车车身上使用的涂层是不相同的，即使同一辆汽车，车身各部位的涂层也可能存在差异。为了使修补层能与原涂层完全一样，涂层性质和结构的确定就显得特别重要，这不仅涉及涂装工艺，也是选择涂料的依据。

图 5-61　比色卡

2. 调色的程序及方法

（1）查找待修补车辆的漆码　汽车在生产装配时，其车身涂装颜色的代号称为漆码，为了便于车身修复及配色，将其漆码打刻或粘贴在车身的某一个位置，在进行修补漆调色时首先要找到原车的漆码。部分常见车型的漆码位置见表 5-2。

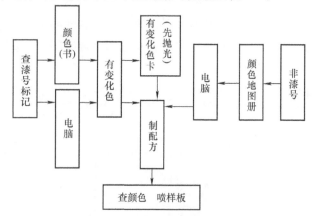

图 5-62　调色的工艺流程图

表 5-2　部分常见车型的漆码位置（表中的漆码位置标号参看图 5-63）

车牌名称	颜色代码位置	车牌名称	颜色代码位置	车牌名称	颜色代码位置
奥迪	14、17、18	福特	15	三菱	2、3、4、5、7、8、10、15
宝马	2、3、4、7、8	通用	2、7、10、15	日产	2、4、7、10
克莱斯勒	2、4、5、8、9、10	本田	15、22	雷诺	3、7、8、10、15
雪铁龙	2、3、4、7、8、10	现代	2、7、10、12	劳斯莱斯	3、5
法拉利	5、18	斯柯达	8、10、17	丰田	3、4、7、8、10、11、12、15、17、23
菲亚特	4、5、14、18	马自达	7、10、15	大众	1、2、3、7、8、14、17、18、19
铃木	7、10、11、13、14、18、20	奔驰	2、3、8、10、12、15、24	沃尔沃	2、3、7、8、10、11、12、15
依维柯	5	起亚	5	保时捷	2、7、8、10、12、15

如果能够找到涂层颜色代码，则可继续下述程序进行调色。

（2）查阅配方

1）找到汽车制造商的色卡扇（图5-64）。

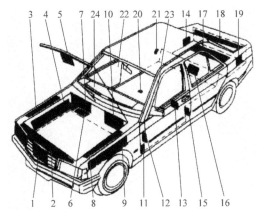

图 5-63　汽车油漆代码位置　　　　　　　　图 5-64　色卡扇

2）按所查得的漆码找到相应的色卡（或色卡组）。

3）将车身某处（如车门立柱）用抛光蜡抛光。

4）将所选的色卡与车身颜色相对比，找到最接近的色卡（从色卡组中）。

5）在色卡的背面读取配方。一汽大众捷达/宝来车系的色卡配方见表5-3。

表 5-3　一汽大众捷达/宝来车系的色卡配方

色号：LB5N

车色：珠光　蓝（偏浅红）

车型：捷达/宝来

色母	1L 单量	1L 累积
35 - M00	267.6	267.6
35 - M 1510	331.1	598.7
35 - M 351	172.1	770.8
35 - M 1910	61.0	831.8
35 - M 1540	45.9	877.7
35 - M 1920	33.3	911.0
35 - M 1120	9.8	920.8
35 - M 1010	1.0	921.8

参考色卡时需要注意如下事项：

1）所有色卡的配方在颜色调配时，试板都是用自动喷涂机喷涂的，喷涂的效果与手工喷涂的效果肯定不同。但由于手工喷涂的灵活性，有时可以通过操作者改变喷涂的方式，就能得到色卡所显示的颜色。

2）在比较色卡和车身颜色时要考虑到所有可能造成误差的因素，因为一个色卡与车身颜色完全相符的概率非常低。调配素色漆时，选择色度和明度比车身颜色高的色卡，在这个

色卡的基础上调色，因为素色漆很容易从鲜艳、明亮向灰暗方向调整；调配金属（珍珠）漆时，找一个侧面稍暗的色卡或一个正面偏亮、侧视偏暗的色卡，在这个色卡的基础上调色，很容易通过加大使用控色剂或白色把颜色校正过来。

（3）准备色母　根据选好的色卡和配方准备需要用的色母。准备色母时需要确认以下几个方面：

1）色母已经搅拌均匀。

2）色母的数量足够。

3）调配涂料的罐是干净的。

4）搅拌尺已准备好。

（4）计量添加色母

1）将电子秤预热并调校好（图5-65）。

2）最好是在秤座上垫上一张纸，将调漆杯放在纸上。

3）将电子秤归零。

4）按照配方所列色母的顺序添加色母。在调色过程中，应根据各种色漆的颜色，先确定出主色（基色或原色）、次色（间色）和补色，然后按此顺序先放主色，后加次色，最后加补色。

在汽车涂装的现场调色过程中，汽车涂装施工人员往往将调色用量多的那种色漆称为主色，用量少的色漆称为次色，用量极少的称为补色。如调豆绿色，则是以白色漆为主色，黄色漆为次色，蓝色漆为补色。相应的调色顺序：先加白色漆，再加黄色漆，最后加蓝色漆。根据这种习惯顺序，可在每次涂装前调色时，先将用量大的色漆加入调色容器中，然后逐次计算出其他色漆的用量，逐次调加至调出与标准色卡一致的颜色（图5-66）。

图5-65　电子秤

图5-66　调漆配色

为确保调色顺序，避免一次性调量过多或颜色过深，操作时可先将用量最多的某种色漆留出一部分，而后在逐次加次色、补色。调加次色与补色时，要少而多次地调加，不能一次性加得过多，以防颜色过深。

在调色中，每次加色母后要充分搅拌均匀，并边加色母、边搅拌、边对照样板。若调配的颜色接近样板颜色或用户要求的颜色时，则应先喷涂或刷涂小样板，待样板上漆膜达到表面干燥时，与标准样板对照，根据对照的色差情况，再确定是加主色、次色还是补色，直至与标准样板颜色一致或与用户指定的颜色一致为止。

在添加色母时，最好首先倾斜漆罐，然后逐渐拉操纵杆，让色母慢慢地倒出。如果先拉操纵杆，那么当漆罐倾斜时，则可能有大量色母立即倒出。为了在倾斜末尾进行精细调整，一定要小心操作操纵杆，以控制色母流量，如图5-67所示。虽然各种色母的质量因颜色而异，但在通常情况下，1滴色母的质量约为0.03g，3滴的质量在0.1g左右。根据这一规律，在添加用量较少的色母时一定要仔细称重。色母添加误差对颜色的影响见表5-4。

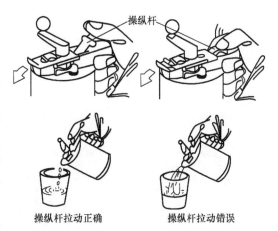

图 5-67 添加色母的手法

表 5-4 色母添加误差对颜色的影响

色母	配方	添加质量/g	误差/g	所占比例
M0	198.0	198.0	+0.1	0.050%
M60	1230.1	1032.1	+0.1	0.009%
A105	1275.6	45.5	+0.2	0.439%
M26	1302.2	26.6	+0.1	0.380%
M27	1306.7	1.5	+0.2	13.33%

在添加完所有色母后，要用搅拌杆或比例尺混合涂料，以产生均匀的颜色。如果涂料粘到容器的内壁，要用搅拌杆刮下涂料，以防产生色差。

如果配方中各色母给定的质量值不是累加值，则每次添加一种色母后，应将电子秤归零。除了第一个添加的色母外，如果添加了过多的色母，则需要重新调配；否则，应进行配方计算。

（5）对比颜色 添加并搅拌均匀后的涂料，要从色相、明度和彩度三方面与待调配的标准色板进行比对，以保证调配良好。

比对方法有比较法、点漆法、涂抹法和喷涂法。比较法是用调漆棒与车身颜色直接比对；点漆法是将漆点在车身上，待干燥后进行比对；涂抹法是将涂料均匀地涂布在车身上，待干燥后进行比对；喷涂法是将漆喷涂在试板上，待干燥后与车身进行比对。前三种方法速度快，但不准确；喷涂法虽然速度较慢，但准确度高，得到了广泛的应用。

喷涂样板时，所选用的喷涂参数（喷涂气压和漆流量等）应严格按照涂料使用说明书的建议调整，以保证与正式喷涂时的参数一致。在用试样板进行比对时，通常采用两种方法：一种是在标准光源灯箱下进行比对，如图5-68所示；另一种是在自然光下直接与原车进行比对，如图5-69所示。有条件的要结合两种方法，从不同的方向反复观察比对，但要注意试样板一定要完全干燥后再实施比对。有的汽车修理厂施工中，由于考虑施工进度，往往在样板还没有干燥好的情况下就进行比对，由于样板上实际为湿色，而车身上为干色，比对的结果是不准确的。样板最好采用车身用铁板，某些喷漆师用硬纸片（如扑克牌）作样

板浸涂漆进行比对调色会有很大的误差。

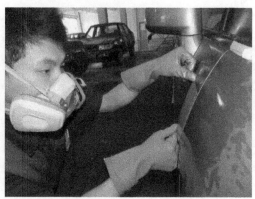

图 5-68　使用标准光源灯箱进行试样对比　　　　图 5-69　在自然光下进行试样对比

检查试板颜色需要注意以下几点：

1）在光线充足的地方检查，最好在室外不受日光灯、装饰物和树木的反射光影响的地方。

2）不要在阳光直射或光线不足时检查颜色。

3）当不得不在日光灯或烤漆房内检查颜色时，注意分辨色差和颜色异构之间的区别。

4）存在微小色差时，正确判断哪些是不得不微调的，哪些是可以利用喷涂方式解决的。

5）充分考虑周围的影响因素，如墙壁、车辆；还要考虑车身修补区域的影响因素，如遮盖膜、氧化、老化和失光等。

（6）微调颜色　如果颜色的比对结果表明，所调颜色与汽车的颜色不一样，则必须鉴定出应添加哪一种色母，继而添加该色母以获得理想的结果，这个过程就是精细配色或人工微调。这是一个比较和添加涂料的循环，此循环反复进行，直至获得理想的汽车车身颜色。

将选择好的色母计量加入配色涂料，并用搅拌杆进行颜色比较，利用试杆施涂法，使新涂层重叠部分以前的涂层，这样可以显示出变化的程度，或者添加色母的效果。如果还没有获得理想的颜色，再一点点地添加选择的色母，然后进行试杆施涂和颜色比较。该种色母的精细配色完成后，再找出涂料所缺的另一种颜色。

确定颜色是否调得接近，是一项困难而重要的工作。虽然涂料的颜色越接近汽车的颜色越好，但在实践中有一个点，达到此点便可认为颜色已经够接近了，不会有问题了。最好使用比色计，用上面的数字表示颜色相差的程度；但如果没有比色计，就必须靠双眼，最好让尽可能多的人来帮助进行鉴定，得出结论。

在进行颜色微调时，所加的每一种色母及质量均应详细记录。当微调完成后，便获得一个新的配方。在正式喷涂需大量调漆时，按此配方调色即可。

3. 没有涂层颜色代码（原厂编号）**时的调色**

（1）调色程序　如未能找到颜色原厂编号，按下述程序进行。

1）选出有关的汽车制造商色卡盒，如图 5-70 所示。利用编号目录找出所需颜色，如图 5-71 所示。

图 5-70 选出汽车制造商色卡盒

图 5-71 利用目录编号找出所需颜色

2）选出合适的颜色色卡，如图 5-72 所示。

3）用颜色近似的色卡逐一与车身对照，选出最吻合的颜色，如图 5-73 所示。

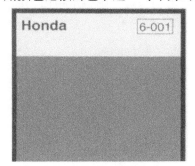

图 5-72 选出合适的颜色组别

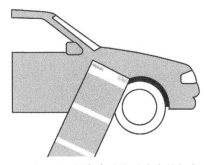

图 5-73 对照车身选出最吻合的颜色

4）从色卡背面读取配方（图 5-74），计量添加色母。

5）如图 5-75 所示，在正式调配油漆前，应先试喷少量在试板上，再对照车身颜色，确保准备无误。

一汽大众汽车

色号:LB5N

车色:珠光靛蓝(偏浅红)

车型：捷达/宝来

色母	1升单量	1升累积
35−M00	267.6	267.6
35−M1510	331.1	598.7
35−M351	172.1	770.8
35−M1910	61.0	831.8
35−M1540	45.9	877.7
35−M1920	33.3	911.0
35−M1120	9.8	920.8
35−M1010	1.0	921.8
		页数11

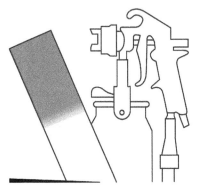

图 5-74 从色卡背面读取配方

图 5-75 喷少量油漆在试板上进行比较

6）添加色母进行微调。

7）按配方指示进行调色。

（2）调色时注意 调色时还应注意以下几点：

1）不同的汽车制造商或涂料制造商所提供的色卡有所不同，有的色卡背面有配方，有的无配方。对于没有配方的色卡，其背面上往往标有特定的字符代号或条形码，可通过代号或条码阅读器，在调色电脑上读取配方。

2）调色过程中所用的工具和盛具必须保持干燥清洁，不得带有杂漆、水分和灰尘等杂质。

3）调配双组分色漆时，应根据涂装用量现用现配，用多少配多少。调色后的涂料按照产品规定的时间用完，以防胶化报废。

4）调配双组分色漆时，严禁接触水分、酸碱、油污等物质。

4. 涂料用量

在汽车车身涂装中，涂料用量的确定极为重要，调配时应做到心中有数，按需配制。避免配制过多而造成浪费，同时也避免配制不足而停工影响生产。常用的算法有如下三种：

（1）理论计算法 根据涂膜的厚度要求和涂料的物理参数，确定单位面积的理论涂料用量 Q（kg），其计算公式为

$$Q = \mu\left(\frac{1}{D} - \frac{1-N}{d}\right)$$

式中　μ——涂膜厚度（μm）；

　　　D——涂料密度（g/cm^3）；

　　　N——涂料中不挥发成分的含量（%）；

　　　d——涂料中所含溶剂的密度（g/cm^3）。

在上述基础上，再考虑施工损耗因素适当增加。

（2）参照说明书计算法 从涂料生产厂商所提供的产品技术说明书查得单位面积用漆量，再与涂装面积相乘，即可得出涂料用量 W（kg），其计算公式为

$$W = QS/1000$$

式中　Q——产品说明书规定的单位面积用漆量（g/m^2）；

　　　S——涂装面积（m^2）。

另外也可参考常用涂料每千克所能涂装 1 层的面积表，见表5-5。

表5-5　常用涂料每千克所能涂装1层的面积表　　　　　　（单位：m^2）

涂料＼颜色	朱红	铁红	黄	蓝	白	绿	灰	黑	银白	清漆
调和漆	12~18	15~21	12~18	17~18	9~13	14~20	11~16	20~30		
防锈漆		20	20				10	14		
酚醛漆	18~25	18~25	14~20	18~25	12~16	18~25	14~20	22~32		20~30
醇酸漆	20~30	18~25	16~22	18~25	13~18	18~25	15~20	22~32		22~32
硝基漆	10~15	14~20	10~15	14~20	10~15	14~20	17~18	15~22		15~22
银粉漆								22		

涂料生产厂商为了提高服务水平，对自己生产的每一种涂料都要制定消耗定额标准，见表5-6。

表5-6 车身不同部位面漆用量参考 （单位：L）

面漆 部件	单工序素 色漆	双工序素色漆		双工序银粉漆		三工序珍珠漆		
		底色漆	清漆	底色漆	清漆	底色漆	珍珠漆	清漆
翼子板	0.3	0.2	0.2	0.3	0.3	0.2	0.2	0.3
车门	0.4	0.3	0.3	0.3	0.3	0.3	0.3	0.3
发动机罩	0.8	0.6	0.6	0.6	0.6	0.6	0.6	0.6
行李箱盖	0.6	0.4	0.4	0.4	0.5	0.4	0.3	0.5
车顶	0.5	0.4	0.4	0.4	0.4	0.4	0.4	0.4
保险杠	0.5	0.3	0.3	0.4	0.3	0.3	0.3	0.3

（3）实验计算法 根据实验测得的数据，计算 $W(\mathrm{g/m^2})$，具体的计算公式为

$$W = \frac{a-b}{kF} \times 10^5$$

式中 a——涂覆后的薄板质量（g）；

b——涂覆前的薄板质最（g）；

k——涂覆面积（$\mathrm{cm^3}$）；

F——干燥残余（%）。

涂膜的厚度直接关系到涂料的用量，在估算涂料用量时要特别注意涂膜厚度的变化。

三、利用电脑进行调色

1. 电脑调色简介

电脑调色即微机调色，它是近几年发展起来的一类高科技自动化调色工艺，是一种先进的调色（调漆）方法。

在电脑调漆的工作中，微机就像一个大型的色漆配方资料库，库中存储有所有色卡配方，用户只需要将所需的漆号和分量输入微机中，就可以直接查阅计算好的配方数据。复色漆和单色漆都由数码标记。各类色漆品种数量达数千种规格，完全能满足汽车制造业和维修行业的使用需求。

电脑调色的设备由可见光分光光度仪、电子计算机和配色软件等部分组成。

（1）可见光分光光度仪 可见光分光光度仪（图5-76）可以将测得的涂层的光谱反射率曲线，通过库贝尔卡、芒克配色理论计算出涂层颜色的准确数据，测出颜色，再通过电脑配色软件进行调色。

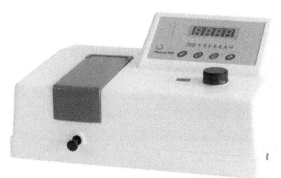

图5-76 可见光分光光度仪

（2）配色软件　配色软件是由色质检测软件和调色软件等部分组成的，主要作用是建立储存基础颜色（颜料种类与用量）数据库。使用时先确定基础颜色和色母，而后输入每种色母的光谱反射率曲线（即不同波长的吸收系数和散射系数），再根据输入的数据进行调色。也就是说，新购置的配色软件是不会配色的，必须先将该漆的色号输入配色系统，配色软件才能用输入的色号数据进行配色。因而，使用电脑调色的准确性不仅取决于配色软件的质量，更重要的是取决于所输入的资料数据是否准确可靠。电脑调色设备如图5-77所示。

a) 调色机　　　　　　　　　　　　　　　　　　　b) 调色电脑

图 5-77　电脑调色设备

在电脑调色过程中，电脑就像一个大型的色漆配方资料数据库，它能够存储数千种色漆标准配方和标准色漆颜色的数码（色号或代号）。不论单色漆数码或复色漆数码，都可输入电脑，以备使用者调色时查找使用。如需要调配某一种汽车面漆颜色时，可先将色号输入电脑，显示屏上就可显示出该色号的面漆配方与各种颜料的用量比，再按此数据进行调色，就可获得所用的面漆颜色。

2. 电脑调色程序

1）查阅汽车车身上的颜色代码（或利用色卡获得代码），颜色编号在车中的相应位置如图5-78所示。

2）启动电脑中的调色软件。

3）根据显示屏幕界面提示输入颜色代码。

4）根据屏幕界面提示的配方进行调色。

如果将电子秤与电脑连接，则当某一色母添加过量时，电脑会自动重新计算配方中各色

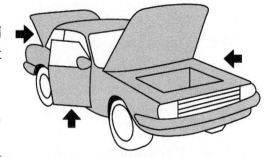

图 5-78　在车中找到颜色编号

母比例，即会重新生成新的配方，因而可避免由于添加过量使调色失败而造成的涂料浪费。如果无法获得颜色代码，可利用配套的测色仪，将探头插入待修复车身漆膜内，电脑会自动生成配方。

第四节 车身漆膜修复施工工艺

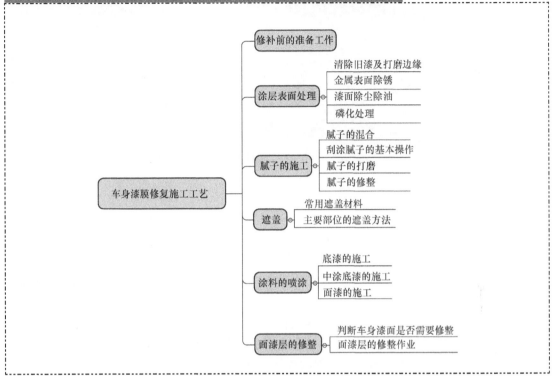

车身漆膜修复施工工艺一般包括：修补前的准备工作、涂层表面处理、底漆涂装、腻子的刮涂与打磨、中间涂料涂装与打磨、面漆的施工、面漆层的修整等。

一、修补前的准备工作

修补涂装与新车涂装一样，涂料必须涂布于清洁、平滑的表面上，才能达到与新车漆面一样好的效果，在喷涂面漆之前必须先使表面平整。

（1）拆卸装饰件　拆卸影响钣金、涂装作业的装饰件。如果拆卸困难，可用遮蔽纸进行遮蔽，如图5-79所示。

（2）整平钣金　整平钣金的目的是尽可能消除修补面的凸凹缺陷。

（3）汽车全车清洗　虽然涂装操作可能是车身的某一块板件或板件的某一部分，但仍需要彻底清洗整车上的泥土、污垢和其他异物，尤其注意门边框、行李箱、发动机舱盖缝隙和轮罩处的污垢，如果不清除干净，新油漆的漆膜上就可能会沾上很多污点。一般使用清洁水冲，再用洗车香波清洗，然后用水彻底冲净，如图5-80所示。

（4）涂层鉴别与损伤鉴定　正确判断汽车原有涂层种类，评估损坏程度，按涂层状况及用户要求拟定修补涂装工艺。

1）判断汽车是否经过重新喷涂。待喷表面漆层可能是原厂出厂漆层，也可能是经过一次或多次重新喷漆的漆层，判断的方法有两个：打磨法和测量法。

① 打磨法：打磨需要修补部位的某一边缘，直到露出金属。观察漆面分层情况、颜色情况，如图5-81所示。

图 5-79　汽车装饰件的遮蔽

图 5-80　汽车全车清洗

② 测量法：利用电磁感应测厚仪测量漆层的厚度，如果测得的厚度大于新车漆层的标准厚度，说明这辆汽车曾经进行过重新喷漆。原厂的涂层厚度通常为 0.05~0.15mm，罩光层厚约为 0.05~0.10mm，如图 5-82 所示。

2）车身原有涂层类型的确定。确定的方法主要有视觉检查法、涂抹溶剂法和电脑检测法。

① 视觉检查法（打磨法）：用粗蜡（或砂纸）打磨漆面，若布上沾有漆色，则说明漆面是单层式面漆；若没有沾上漆色，则说明漆面是双层（色漆＋罩光漆）式面漆。

② 涂抹溶剂法：用浸过硝基稀释剂的棉纱，在涂装表面上摩擦，擦不掉的涂料便是烘烤型或聚氨酯型，可擦到布上的涂料则是自然干燥型（硝基型），如图 5-83 所示。

③ 电脑检测法：利用电脑调色系统可直接获得原车面漆的有关资料，这是目前涂装行业中普遍使用的检测方法。此方法方便快捷，只需将原车车身油箱盖拿来，利用仪器很快就能准确无误地判别面漆的类型。

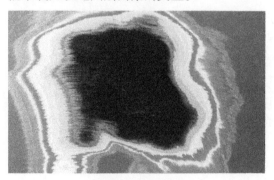

图 5-81　打磨法

图 5-82　测量法

3）评估损坏程度。评估的方法主要有目测评估、触摸评估和直尺测量。

① 目测评估：目测法评估车身损伤的内容主要有观察车身有无锈蚀损伤、车身覆盖件有无凹坑和凸起变形等。根据光照射钣金件的反射情况，以评估损坏的程度和受影响面积的大小，稍微改变人的眼睛相对于钣金件的位置，即可看到微小的变形。注意做好记录，如图 5-84 所示。

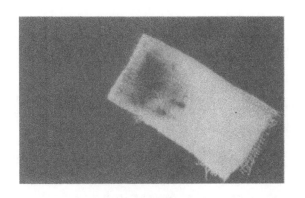

图 5-83 涂抹溶剂法

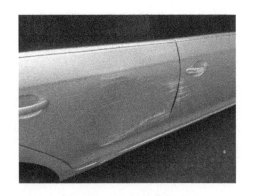

图 5-84 目测评估

② 触摸评估：戴上手套，从各个方向触摸受损的区域，但不要用任何压力，如图 5-85 所示。

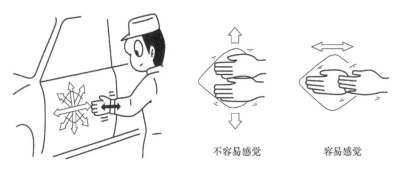

不容易感觉　　　容易感觉

图 5-85 触摸法

③ 直尺评估：如图 5-86 所示，将一把直尺放在车身另一边没有被损坏的区域上，检查车身和直尺之间的间隙；然后将直尺放在被损坏的车身钣金件上，评估被损坏的和未被损坏的车身板之间的间隙相差多少。如果在用直尺评估时，损坏件有凸出部分，则将会影响评估操作，此时可用冲子或鸭嘴锤，将凸起的区域敲平或敲至稍低于正常表面（原始表面），如图 5-87 所示。

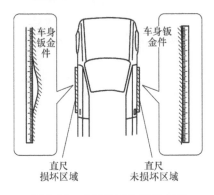

图 5-86 直尺法评估损坏程度

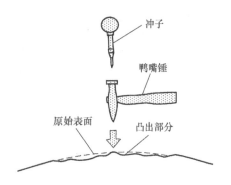

图 5-87 敲平损坏件的凸出部分

二、涂层表面处理

根据被修补表面的漆膜状况，来确定表面处理工序的内容及操作要领。如果原漆面仍旧很牢固，且对修补涂料之溶剂无反应，则在良好情况下的原漆膜基础上进行修补涂装。如果漆面严重老化或为事故车，并伤及基材，金属表面出现锈迹，此种情况则必须对金属表面进行去除旧漆层、除锈处理、除油处理以及磷化处理（在要求高的情况）。经过这几道工序处理之后，方可进行车身喷涂操作。

1. 清除旧漆及打磨边缘

变形区域内的旧涂层，既使表面漆膜状况再好，其涂层与底材的附着力已经受到了不同程度的影响，为了保证涂装质量，应该在涂新涂层之前对所有变形区域内的旧漆层进行彻底的清除。但是对于没有受过影响的旧涂层或只是表面轻微氧化的涂层，为了简化涂装工艺，可以不用彻底的清除旧涂层，只需要打磨掉表面一层氧化变差的涂层即可。

（1）打磨操作

① 穿戴好劳保防护用品。

② 选择合适的打磨机类型及砂纸型号，将砂纸孔对孔粘在打磨机的磨垫上（图5-88）。

③ 连接吸尘管、气管（图5-89），连接气源、电源，打开吸尘器开关（图5-90）和打磨机，确定设备运转正常。

④ 如图5-91所示，调节好打磨机的转速：太慢影响打磨效率，太快不好控制，在打磨时可以根据情况进行适当调整。

图5-88　打磨机砂纸的安装

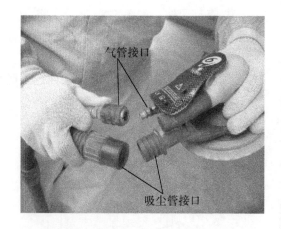

气管接口

吸尘管接口

图5-89　连接吸尘管及气管

⑤ 握紧打磨机，以磨盘与工件表面大约5°～20°夹角移向加工表面（图5-92）。如果凹陷较深可适当的加大角（图5-93）。

图 5-90 吸尘器开关

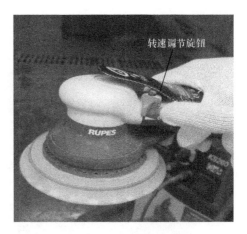

图 5-91 调节转速开关

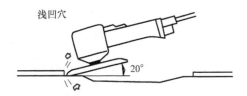

图 5-92 浅凹陷打磨的方法

图 5-93 深凹陷打磨的方法

⑥ 使打磨机向右移动，磨盘左上方的 1/4 对准加工表面，如图 5-94 所示。

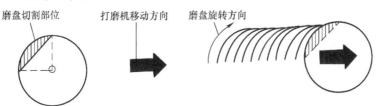

图 5-94 打磨机向右移动的操作

⑦ 当打磨机从右向左移动，磨盘右上方的 1/4 对准加工表面，如图 5-95 所示。

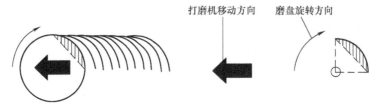

图 5-95 打磨机向左移动的操作

⑧ 打磨较为平整的表面时的移动方式如图 5-96 所示。

⑨ 通过从左至右、从右至左往复打磨清除干净受损区域的旧漆层。

⑩ 检查受损区域内的旧漆打磨情况（图 5-97）：如果还有残余旧漆的，应该使用打磨机或手工工具将损伤部位的旧漆层全部清除干净。

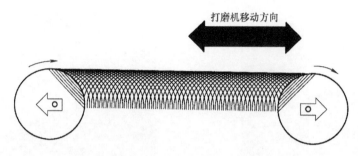

图 5-96　打磨较为平整的表面时的移动方式

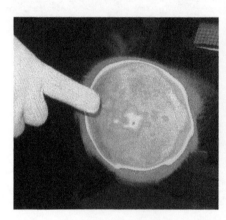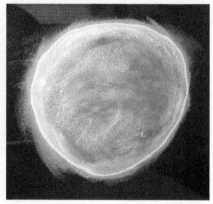

图 5-97　旧漆打磨情况的检查

（2）检查　经常检查磨料是否清洁，以保证打磨效率。如果磨料被塑料密封胶污染，则应该及时用毛刷、钢丝刷或气枪进行清理。如果出现类似情况，则表明密封胶固化不完全。打磨操作应该在密封胶充分固化后才能进行。

（3）打薄边缘的操作　清除了涂膜的边缘是很厚的，为了产生一个宽的、平滑的边缘，使施涂的各涂层平滑过渡，可以对涂膜的边缘打磨，也称为磨缘。正确的磨缘操作如图 5-98 右侧所示，将整个打磨机压在车身板上，提起一边，仅向板上标 "A" 的区域施压，然后沿边界线移动打磨机。边界线和打磨机之间的距离必须保持恒定。

检查打磨效果。确保所有边缘没有明显台阶，涂层边缘圆滑，如图 5-99 所示。

（4）打磨操作时注意事项

① 操作打磨机时，一定要在接触到钣金件表面前开动打磨机。如果打磨机在接触到钣金件表面之后开动，会在初始接触的区域产生很深的划痕并且使打磨机难以控制。

② 为了防止钣金件过热变形，不要将打磨机在一个位置打磨过长时间。

③ 不允许采用粗砂磨料以 90°角交叉打磨凸起很高的表面，这样做将会造成很深的打磨伤痕，以后很难将其除去。

④ 千万不要让粗砂磨料接触打磨区域附近完好的漆膜表面，最好用胶带把完好的涂层部位保护起来。

（5）砂光　砂光是对经粗打磨的表面所做的一项精细加工，目的是获得更加平整的表面。

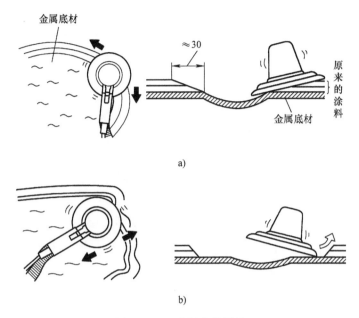

图 5-98　正确的磨缘操作

① 将旋转着的砂轮前方对着表面，而后方稍稍离开表面一点。保持这个方位，上下移动打磨机进行打磨。每一道磨痕之间覆盖面积大约 50%～60%，如图 5-100 所示，这将有利于砂平作用。

② 用戴着手套的手在打磨过的表面上来回摸一下，检查打磨效果（图 5-101）。重复上述打磨过程，直到完成打磨工作的 3/4 左右为止。

③ 更换细砂纸。

④ 重复打磨操作，先用打磨的方法，然后用砂光的方法，直到表面达到所要求的平整度为止。

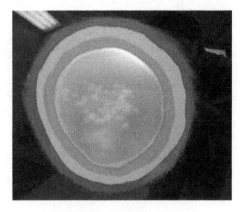

图 5-99　涂层边缘的检查

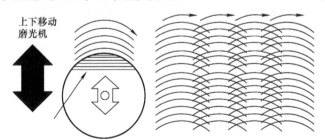

图 5-100　砂光操作时砂轮的移动

⑤ 清洗车身。

注意： 由于打磨机转速较快，一定要时时观察打磨进度，千万不要打磨过度。尤其玻璃钢及塑料件，因其与涂层颜色差较小，更容易打磨过度甚至将板件打漏。

2. 金属表面除锈

汽车漆膜损坏使金属表面极易产生锈蚀，因此对裸露的金属表面进行处理是车身表面喷涂工作的关键，其目的是增强涂层的附着力和防止金属锈蚀，它是决定涂层寿命的重要因素。金属表面的除锈方法大致可分为机械除锈法（图5-102）、手工除锈法和化学除锈法等。在施工时应注意，根据被涂物的材质、形状、厚度、大小、涂料品种、施工条件和质量等因素来确定采用何种方法。

3. 漆面除尘除油

打磨后要将工件表面的所有灰尘、油污等污迹清除干净，以确保研磨效果。若在喷涂底漆前不将油污清除干净，必将影响涂装中涂层

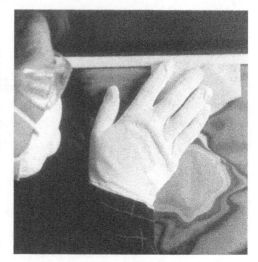

图 5-101　检查打磨效果

的干燥性，并降低涂层的附着力，甚至在面漆喷涂后，还会出现脱落或起皮现象。金属表面除油的方法比较常用的是有机溶剂脱脂法。汽车维修行业多用汽油进行除油处理，除油后的制件一般不需水洗就可直接进行涂漆操作。

除尘除油操作时用蘸有除油剂的湿布与干布双手交替擦拭，并且应按从上到下的顺序完成，如图5-103所示。

图 5-102　机械除锈法

图 5-103　用干净的擦拭布将除油剂擦拭干净

4. 磷化处理

所谓磷化是指把金属工件经过含有磷酸二氢盐的酸性溶液处理，发生化学反应而在其表面生成一层稳定的不溶性磷化膜的方法。磷化的主要目的是增加涂膜附着力，提高涂层耐蚀性。磷化处理这种方式因工艺复杂，一般用于汽车制造厂。在修配厂无磷化处理条件的场合或对于铝合金制件，可用磷化底漆代替磷化处理。

三、腻子的施工

对裸露的板材经底材处理和喷涂底漆后，即可进行腻子的施工，其目的就是消除被涂面的缺陷，使之获得平整的表面，且能增强层间附着力。它是汽车修补涂装的关键工序之一，

直接影响修补涂装质量、成本和工效。在修补碰撞严重的车身时，在修补涂装前应尽可能靠钣金手段整形和消除被涂面的凹凸不平的缺陷，以力争做到少量刮涂腻子。刮涂腻子工序虽能提高刮涂面涂层的外观装饰性，但不能提高涂层的保护性能，腻子层缺乏弹性，易开裂导致整个涂层被破坏，且工效低。腻子的施工包括混合、刮涂、打磨和检查四道工序。

1. 腻子的混合

1）首先检查腻子需覆盖的面积，如图 5-104 所示。

2）取出腻子。腻子装在罐中的时候，其各种成分如溶剂、树脂及颜料分离。因此在取出铁罐之前，必须彻底混合，如图 5-105 所示。如果溶剂蒸发了，要向罐中倒入专用的溶剂。

3）在取出腻子以后，不要在罐口刮除粘在搅拌杆上的腻子，如图 5-106 所示。所有粘在罐口的腻子最后都会固化，并落入罐内。

图 5-104　腻子需覆盖的面积

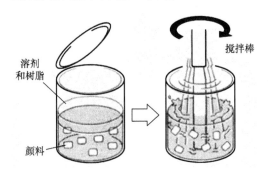

图 5-105　搅拌腻子

4）取固化剂时，不要将固化剂直接挤到腻子基料上。如果有腻子粘在固化剂管口上，就会发生化学反应，引起固化剂固化。

将适量的腻子基料放在调和板上，然后按规定的混合比例添加一定量的固化剂（一般的比例为 2% ~3%，应参照生产厂商的要求），如图 5-107 所示。

图 5-106　不要在罐口刮腻子

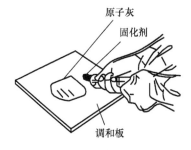

图 5-107　取腻子及固化剂

5）将腻子与固化剂混合均匀，具体操作如图 5-108 所示。

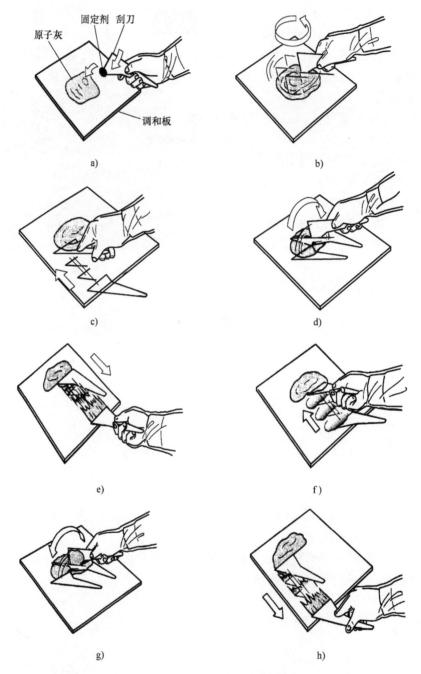

图 5-108　将腻子与固化剂混合均匀

2. 刮涂腻子的基本操作

腻子刮涂时，应根据刮涂部位及形状采用不同的操作方法。

1）局部填补凹坑区域的施工，采用放射式刮涂方法，如图 5-109 所示。先将腻子放在凹坑中部，再用刮刀把腻子从中部向四周刮涂。

2）大面积区域采用直刮式或横刮式刮涂方法，如图 5-110 所示。

3）对弧形表面区域刮涂腻子时，应根据刮涂面的形状使用有弹性的橡胶刮刀，如图5-111所示。

4）对具有棱角线的区域刮涂腻子时，其操作方法如图5-112所示。

① 沿棱角线贴上遮蔽胶带，盖住一侧，对另一侧刮涂腻子，如图5-112a所示。

② 待刮涂的腻子半干燥时，揭去遮蔽胶带，如图5-112b所示。

③ 沿刮涂过腻子的棱角线贴上遮蔽胶带，对剩下的一侧刮涂腻子，如图5-112c所示。

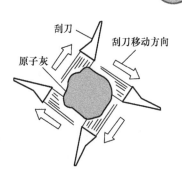

图5-109　局部填补凹坑的操作方法

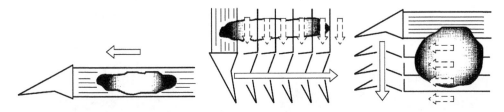

图5-110　大面积区域的操作方法

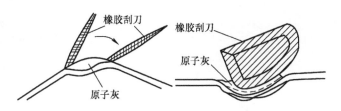

图5-111　弧形表面刮涂腻子的操作方法

④ 待刮涂的腻子半干燥时，揭去遮蔽胶带，但要注意掌握好揭去遮蔽胶带的时机。如果过早，则容易带下大量腻子；如果过晚，腻子干透，胶带难以揭下，强行揭下则可能破坏已刮涂好的腻子。

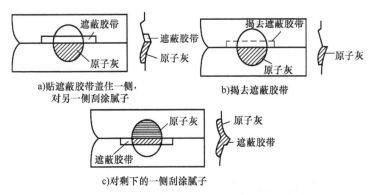

a)贴遮蔽胶带盖住一侧，
对另一侧刮涂腻子

b)揭去遮蔽胶带

c)对剩下的一侧刮涂腻子

图5-112　具有棱角线区域刮涂腻子的操作方法

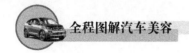

3. 腻子的打磨

打磨腻子层主要是为了取得平整光滑的表面，并为各涂层间提供或增强附着力。腻子的打磨方法有机械打磨和手工打磨（图 5-113）两种。腻子的打磨是一项繁重的工作。对大面积的打磨，一般采用效率高的机械方式。但对小面积腻子的粗磨，包括大面积腻子的细磨，以及一些有特殊精细要求的形线、曲面、圆弧、弯曲等部位都需要手工打磨。

打磨可以干打磨，也可以湿打磨。在现在的汽车涂装中，因湿磨会对环境、操作者及喷涂等产生很多不良的影响，所以打磨工艺已逐渐用干打磨代替湿打磨。图 5-114 所示为干磨系统。

图 5-113　腻子的手工打磨

图 5-114　干磨系统

1）机械打磨。机械打磨的操作方法如图 5-115 所示，用双手把持打磨机手柄，使打磨机的工作面保持与腻子表面平行，按照腻子最长方向来回轻轻打磨，然后再按斜向、垂直的方向进行打磨，不能超出腻子范围，如图 5-116 所示。先用 120 号粗砂纸打磨，当腻子表面的划痕基本被消除后，应及时更换细砂纸，更换砂纸时要逐级渐进，每次跳级不能超出 100 号。打磨至腻子表面与周围的高度相近即止，并留出手工细磨的余量。

图 5-115　用气动打磨机打磨腻子

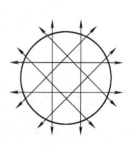

图 5-116　打磨机的移动方向

2）手工打磨修整。使用打磨机大致形成平整表面之后，必须进行手工打磨修整，手工打磨修整使用手工打磨垫板较为方便，外面包裹与打磨块尺寸相适应的砂纸或砂布。手工打磨垫板的移动方法与打磨机的使用相同。另外，若能巧妙地使用双面软磨垫板配合合适的砂纸打磨弯角等，可以很快修正变形。

4. 腻子的修整

腻子打磨完成后，要检查腻子表面，若发现有气孔和小的伤痕，马上修补。

（1）填眼灰的施涂

1）搅拌填眼灰。如图5-117所示，填眼灰的盛装有两种形式，一种是盛装在软体金属或胶管内，另一种是盛装在金属罐内。对在盛装在软体金属罐或胶管内的填眼灰，搅拌时，用手反复捏揉管体即可；对在盛装在金属罐内的填眼灰，可用专用工具打开盖后，用搅拌棒充分搅拌。

2）取填眼灰。用腻子刮刀取少量填眼灰，置于腻子托板上，也可以置于另一个刮刀刀片上。填眼灰一般不需要添加固化剂，取出后即可使用（有的填眼灰需按比例加入稀释剂混合后才能使用），而且其固化时间很短，用量也少，应少取，并且应在尽量短的时间内用完。

3）施涂。气孔和划痕的修补如图5-118所示，用小的腻子刮刀，以刀尖部取很少量的填眼灰，对准气孔及划痕部位，用力将填眼灰压入气孔或划痕内，必要时可填补多次。

图 5-117　填眼灰

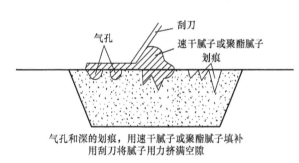

气孔和深的划痕，用速干腻子或聚酯腻子填补
用刮刀将腻子用力挤满空隙

图 5-118　气孔和划痕的修补

（2）填眼灰的干燥　一般填眼灰施涂后，在自然条件下5~10min即可完全干燥，不需烘烤。

（3）填眼灰的打磨　填眼灰施涂后，会破坏原来打磨平整的腻子表面，另外，填眼灰的性能不如腻子，因此必须将多余的填眼灰完全打磨掉。干打磨采用150~180号砂纸；若湿打磨采用240~320号砂纸。打磨时要配合磨块，直到气孔和划痕外的填眼灰完全被打磨掉为止。

四、遮盖

在准备喷涂过程中，遮盖是很重要的一步，是一种保护方法或手段，使用遮护材料（遮蔽纸和遮蔽胶带）遮盖不需要修饰或防止损伤的表面。对于不需要涂装的表面一定要遮盖好，否则会引起不必要的麻烦。图5-119所示为喷涂车门时的遮盖。

1. 常用遮盖材料

常用的遮盖材料为缝隙胶条（图5-120）、遮蔽胶带（图5-121）和遮蔽纸（图5-122）。

不仅在车身修补涂装中使用，而且在汽车生产厂涂装过程中也广泛使用。

进行大面积或整车防漆防尘遮盖中常采用塑料（乙烯）薄膜（图5-123、图5-124）。

2. 主要部位的遮盖方法

（1）侧窗玻璃的遮盖　如图5-125所示，当遮盖侧车窗时，需要先用遮盖胶带遮盖该区域的周边，然后选用合适尺寸的遮盖纸，遮盖纸的底边粘贴到底部的遮盖胶带上，把遮盖纸周边折叠，折叠边用短的遮盖胶带粘好，然后全部粘到周边预先贴好的遮盖胶带上。

图5-119　喷涂车门时的遮盖

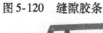

缝隙胶条

图5-120　缝隙胶条

图5-121　遮蔽胶带

图5-122　遮蔽纸

图5-123　整车防漆防尘遮盖

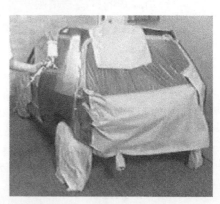

图5-124　喷涂施工中的遮盖

（2）前、后风窗的遮盖　如图 5-126 所示，遮盖风窗玻璃时，主要使用 50cm 宽的遮盖纸，不够的部分再用 10～20cm 宽的遮盖纸粘贴上。四周用 12～15mm 宽的遮盖胶带粘住。

图 5-125　侧窗玻璃的遮盖

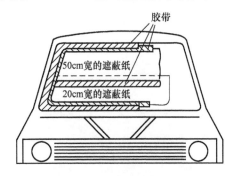

图 5-126　风窗玻璃的遮盖

（3）车门口的遮盖　如果要将车门入口全部覆盖，先要按入口宽度准备好遮盖纸。一般是取 50cm 宽的纸两张，搭接成 1m 宽，对准入口，先贴住上部，在贴下边之前，要先将纸放松，办法是从中间折一下，这样车门才能关住。如果宽度还不够，再加一张 20cm 宽的纸。如果边切得不整齐，可用遮盖胶带补齐。纸与纸相重合的部分要用遮盖胶带粘住，不能留缝隙，遮盖的效果如图 5-127 所示。

（4）尼龙车顶的遮盖　如图 5-128 所示，首先应沿车顶的周边粘贴一周胶带。然后采用合适尺寸的遮盖纸彻底地把车顶遮盖住。遮盖纸应光滑，多余的边应折叠起来。所有的边缘均应用遮盖胶带粘住，以免涂料和灰尘进入。

图 5-127　车门口的遮盖

图 5-128　尼龙车顶的遮盖

（5）散热器面罩和保险杠的遮盖　散热器面罩与保险杠分别进行遮盖。首先用遮盖胶带沿散热器面罩的周边进行遮盖，然后选用合适的遮盖纸进行遮盖。如果保险杠采用金属材料制造而成，则应选用合适尺寸和形状的遮盖纸进行遮盖，下部边缘进行折叠，与保险杠的下部粘贴牢固。

对于有些汽车，可以把散热器面罩和保险杠一起进行遮盖，但保险杠与翼子板前端之间的塑料遮盖件应单独进行遮盖（图 5-129）。这些板件通常与汽车的其他部分一起进行喷涂。

（6）前照灯的遮盖　采用 152mm 宽的遮盖纸，把遮盖纸用胶带粘到密封前照灯或灯框的边缘上，形成一个圆形或四方形，然后把遮盖纸向中间对折，最后把遮盖纸折叠的对边也

粘住，保持遮盖纸的平整。如图5-130所示，对于尾灯和驻车灯应采用同样的方法，只不过选用76mm宽或更窄的遮盖纸就足够了。

图5-129　保险杠的遮盖

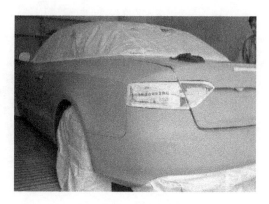

图5-130　尾灯的遮蔽

五、涂料的喷涂

空气喷涂是指靠压缩空气的气流使涂料雾化，在气流带动下，喷涂到被涂物表面的一种涂装方法，空气喷涂几乎适用于各种涂料，而且效率高，作业效果好，能得到均匀美观的涂膜。

1. 底漆的施工

对于损坏部位较深而露出金属表面的划痕则应喷涂底漆。喷涂底漆的施工步骤如下：

1）首先检查待喷涂金属表面是否干净，应当达到无锈迹、无尘、无水、无油和无其他污物，并适当遮蔽。

2）用指定的稀释剂稀释底漆，并按照说明书调配好底漆，如图5-131所示。

3）按施工要求选择好喷枪，并调整和检查好喷枪。在平板上试喷，观察喷雾扇形是否合适。

4）按施工要求正式喷涂，喷涂膜厚可根据情况掌握，一般情况下如果底漆层上还要喷涂中涂层，则可将底漆喷涂得薄一些，只要能够达到防腐和提高黏附能力的目的就可以了；如果在底漆层上直接进行面漆的喷涂，则需要喷涂得厚一些，以总的喷涂膜厚不超过50μm为宜，如图5-132所示。

图5-131　底漆调配

图5-132　底漆的喷涂

5）底漆干燥后要经过适当的打磨。

2. 中涂底漆的施工

中涂底漆层是在底漆层与面漆层之间的涂层。在车身漆面修补时如果遇到漆层比较良好，可以不用喷涂中涂底漆；但对车辆外观装饰性要求很高的轿车必须喷涂中涂底漆。在进行了腻子填补的区域，由于腻子对面漆涂层具有一定的吸收作用，会在面漆上留下明显的修补痕迹，需要喷涂中涂底漆加以隔离封闭。

中涂底漆的施工步骤如下：

1）首先对腻子填补区的四周，用320～400号砂纸打磨旧涂膜，以提高中涂底漆层的粘着力。

2）用遮蔽纸将喷涂表面的周边遮蔽起来，遮蔽时喷涂表面的周边应留出10cm以上，如图5-133所示。

3）对待喷涂表面进行必要的清洁处理，先用一块浸满清洁剂的软布擦拭待喷涂表面，再用另一块干净的软布擦干表面残留的清洁剂，如图5-134所示。若进行过湿打磨，应做去湿处理，使被喷涂表面干燥。

图5-133 遮蔽喷涂表面的周边

图5-134 清洁喷涂表面

4）按照说明书调配好中涂底漆。

5）按施工要求选择好喷枪，并调整和检查好喷枪。试喷，观察喷雾扇形是否合适。

6）按施工要求正式喷涂。先在修补涂膜边缘交接部位薄薄喷涂，使旧涂膜与腻子的交界面过渡平滑，接着给整个腻子表面薄薄喷一层。喷涂后形成的表面应平整光滑，分2～3次薄薄地喷涂，20℃时每道间隔时间5min左右。

中涂底漆涂料的喷涂面积应比修补的腻子面积大，而且要达到一定厚度。喷第二遍时要比第一遍喷幅宽，喷第三遍时要比第二遍喷幅宽，逐渐加大喷涂面积，如图5-135所示。

7）用红外线烤灯对中涂底漆进行干燥，如图5-136所示。干燥后一定要细致地打磨，表面不得有砂纸痕迹或小坑凹陷等，一般以手工湿打磨的方法进行。

8）最后用砂纸将中涂底漆周围要喷涂色漆的部分进行细打磨。

9）用清水冲洗干净打磨部位，然后用红外线烤灯将表面除湿干燥。

3. 面漆的施工

在中涂层喷涂并进行打磨修整之后就可以进行面漆的涂装了。涂装表面的光泽度、鲜映性和良好的装饰性等都由面漆层来提供，整个涂装工作的好坏都由面漆层来体现，因此面漆喷涂是整个涂装工作最关键的工序。

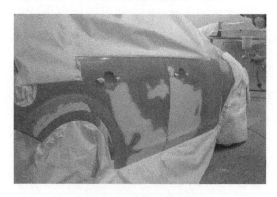

图 5-135　喷涂中涂底漆

图 5-136　干燥中涂底漆

面漆的施工步骤：

1）表面的清洁。表面的清洁程度直接影响到面漆的效果，先用吹尘枪彻底清除打磨粉尘或清洗要修补区域的车身。清除工作应按顺序进行，不能有遗漏。再用一块浸满清洁剂的软布擦拭待喷涂表面及周边，以去除表面的油和水，用另一块干净的软布擦干表面残留的清洁剂，如图 5-137 所示。

2）粘贴遮蔽纸，如图 5-138 所示。

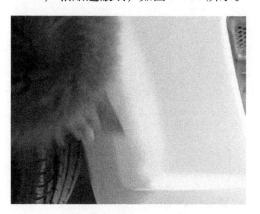

图 5-137　涂层表面的清洁

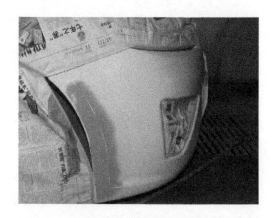

图 5-138　粘贴遮蔽纸

3）清洁。粘贴遮蔽纸后应再次清洁，可使用浸满清洁剂的软布擦拭或使用带黏性的粘尘布除去细小的粉尘，并用压缩空气吹干。

4）面漆的搅拌与过滤。调好颜色的涂料经过一段时间的放置，必然出现颜色不均匀的现象，因此，在喷涂之前，应先充分搅拌均匀，然后向喷枪内倒入涂料。为防止灰尘、杂质落入已调配好的涂料中，要用滤布过滤。

5）试喷。按照施工的要求对喷枪进行调整，喷枪的调整包括空气压力的调整、喷雾扇形的调整和涂料流量的调节，调整后的喷枪要进行喷涂试验。

6）面漆喷涂后的效果，如图 5-139 所示。

7）面漆的干燥。现在的汽车修补涂装在面漆喷涂完成后，自然干燥即可，但如果采用低温烘烤干燥则可提高效率。整车或大面积喷涂可在烤漆房内用热风进行干燥，如果是局部小面积喷涂也可用红外线烤灯干燥。

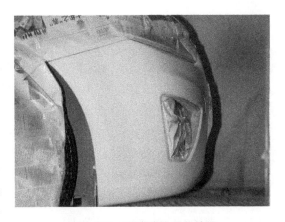

图 5-139　面漆喷涂后的效果

六、面漆层的修整

喷涂过程中常常会由于种种原因在面漆表面造成一些微小的瑕疵。面漆层的修整是指打磨重涂表面，使涂膜面显出光泽，除去附着在涂膜表面的灰尘和小麻点、重涂时产生的流挂、微小划擦痕迹，对表面粗糙处和起皱皮处等平整度不良部位进行修整，提高面漆层的装饰性。对于部分涂装而言，还包括对晕色部位的打磨，其目的是使重涂表面与临界未重涂表面的光泽、纹理连贯一致，图 5-140 所示为漆膜重涂后常见的缺陷。

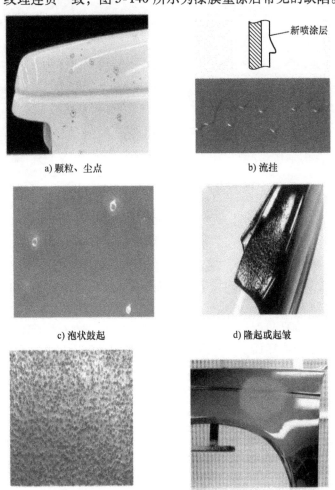

a) 颗粒、尘点　　　　　　　　b) 流挂

c) 泡状鼓起　　　　　　　　d) 隆起或起皱

e) 细小孔洞　　　　　　　　f) 露底

图 5-140　漆膜重涂后常见的缺陷

141

1. 判断车身漆面是否需要修整

判断车身漆面是否需要修整可以按照以下方法进行：

1）观察法。从车身的不同角度来观察车身漆面的亮度，通过眼睛感觉光线的柔和度、反射景物的清晰度等来判断，如果景物暗淡、轮廓模糊则需要进行抛光处理；若观察重涂表面与原始漆面纹理一致，无高度偏差，则无需进行抛光作业；如果重涂表面与原始漆面纹理稍有差别，只进行抛光即可；如果重涂表面与原始漆面纹理有明显差别，则需要湿打磨；如果表面有垂流，视情况进行用磨石或砂纸湿打磨；如果表面有颗粒，用磨石或砂纸湿打磨，如图 5-141 所示。

2）触摸法。把手套上一层塑料薄膜来触摸漆面，如图 5-142 所示。如果感到发涩或有凹凸不平的感觉时，就必须进行抛光处理。

图 5-141　观察漆面是否平整

图 5-142　触摸漆面

2. 面漆层的修整作业

涂料表面必须干燥到可以进行抛光作业，油漆不同，干燥时间也不同。抛光作业一般按以下步骤进行。

1）打磨颗粒。为保证磨石平滑运动，防止颗粒周围产生划伤，可在磨石表面涂细抛光剂或水。手持磨石底部，在颗粒周围区域做旋转小圈移动，直线移动磨石会使涂料表面产生高度差异，如图 5-143 所示。

2）调整纹理。将 2000 号湿打磨砂纸附于打磨垫块上，磨去不平的纹理，此时可在砂纸上涂些肥皂，以使砂纸浮在漆面上，不致产生深划痕。当表面达到比标准纹理稍微粗糙的程度时，停止湿打磨，注意不要将表面研磨过于光滑，如图 5-144 所示。

3）修复纹理。用抛光机、粗抛光盘、粗抛光剂的组合进行修复纹理的作业，此过程要将研磨中留下的划痕完全去除，如图 5-145 所示。

4）完成抛光。用抛光机、精抛光盘、精抛光剂的组合完成抛光作业。在此过程中，要清除修复纹理时留下的涡旋痕迹，并抛光表面以产生光泽。

5）晕色的抛光。在抛光机上装上精抛光盘，并加上适量的抛光剂，抛光晕色区时应注意按一个方向抛光，即从重涂区域向未重涂区域方向抛光。如果按相反方向抛光，则会擦去涂料边缘，会使晕色区产生边界，抛光后的效果如图 5-146 所示。

图 5-143　用磨石打磨颗粒

图 5-144　用打磨垫块打磨

图 5-145　修复纹理

图 5-146　晕色的抛光效果

　　6）清洗抛光盘。抛光作业完成后用专门的抛光盘清洗机彻底清洗浸泡抛光盘，如图 5-147 所示。如无抛光盘清洗机，也可手工进行清洗，清洗后水平放置。

　　7）洗车。抛光结束后洗去剩余的抛光剂，防止玷污和划伤漆面，擦干车身后再检查，必要时手工抛光消除瑕疵，如图 5-148 所示。

　　8）检查合格交车。

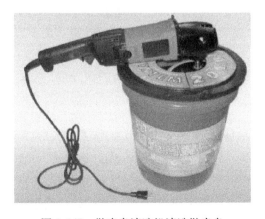

图 5-147　抛光盘清洗机清洗抛光盘

图 5-148　擦干车身

第六章 Chapter 6

汽车玻璃的美容

　　汽车玻璃犹如一辆汽车的窗口，同时在汽车的整体安全上也扮演了一个重要角色。随着汽车玻璃技术的不断发展，汽车玻璃的科技含量越来越高，功能也在不断完善。

　　在汽车上与其他大的养护项目相比，汽车玻璃的保养的确是一个小细节，车主往往对"眼前"的风窗玻璃视而不见或重视不够。然而，汽车玻璃的确是关系到行车安全的重要因素之一。

第一节　汽车玻璃的清洁及护理

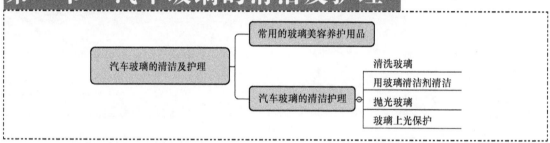

　　汽车玻璃应经常保持干净透亮，尤其是前风窗玻璃，否则不仅影响美观，而且影响驾驶。特别是在雨夜，刮水器擦过，残留水膜晃眼，大大影响驾驶人视野，这是安全驾驶的大敌，必须想办法尽快彻底清除。

　　玻璃的清洁不能用水，因为玻璃外侧常吸附有油脂，不但清洁费力费时，不能彻底清洁，而且可能留下油膜和交通膜的花纹。因此必须采用专用的玻璃清洁用品进行彻底清洁。

一、常用的玻璃美容养护用品

　　玻璃美容养护用品有玻璃清洗剂、玻璃抛光剂、玻璃上光保护剂、防雾剂、防水剂、玻璃除冰剂等。

　　（1）玻璃清洗剂　玻璃清洗剂（图6-1）主要用于全车玻璃和倒车镜的预处理，可以有效去除表面尘污。

　　（2）玻璃抛光剂　玻璃抛光剂（图6-2）兼具上光抛光作用，不但可以增亮，使玻璃表面洁净、光滑，还可防止灰尘二次沉降，同时也可改善刮水器擦痕。

　　（3）玻璃上光保护剂　玻璃上光保护剂（图6-3）可以有效防止玻璃表面污物、油膜的再次附着。

　　（4）玻璃防雾剂　玻璃防雾剂（图6-4）可有效防止车窗玻璃表面结雾，减少交通事故的发生。

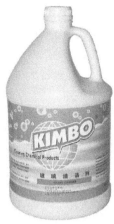
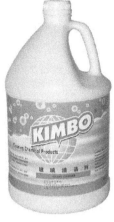

图 6-1　玻璃清洗剂

图 6-2　玻璃抛光剂

图 6-3　玻璃上光保护剂

图 6-4　玻璃防雾剂

（5）玻璃防水剂　玻璃防水剂（图 6-5）能使雨水变成水膜，均匀地在玻璃上流下来，使车窗明亮清晰，有利于行车安全。

（6）汽车玻璃除冰剂　汽车玻璃除冰剂（图 6-6）能使玻璃表面上的积雪、冰霜等迅速融化，提供防止再次结冰的保护，并具有清洁玻璃的功能，保证全方位的良好视野。该产品能保证在 0℃ 以下进行喷洒，对汽车无损害。

图 6-5　玻璃防水剂

图 6-6　汽车玻璃除冰剂

二、汽车玻璃的清洁护理

整个汽车的玻璃可以分为两类：一类为前风窗玻璃和后视镜，另一类为单面贴膜侧窗玻璃和后窗玻璃（有防雾除霜栅格），它们的清洁护理操作略有不同。汽车玻璃的清洁护理步骤如下。

1. 清洗玻璃

用洗车香波清洗车身，玻璃上附着的沙粒、尘土等污物在浸润后被高压水流冲走；玻璃上黏附的污斑、昆虫和沥青、口香糖或透明胶的残痕等污物，可用塑料或橡胶刮刀去除；玻璃表面上的顽固性污物，如油漆污点、鸟粪等，可用沥青清洁剂去除。如果只清洗玻璃，可先在玻璃上喷洒清水，用手触摸，感触较大尘粒的程度，再用专用刮刀将其刮除干净。

2. 用玻璃清洗剂清洁

将玻璃清洗剂喷头对准玻璃表面直接喷射，再用干净柔软的毛巾擦拭，除去表面尘污。对于重污垢玻璃表面，可多次喷涂，浸泡几分钟后，再进行清洁，如图 6-7 所示。

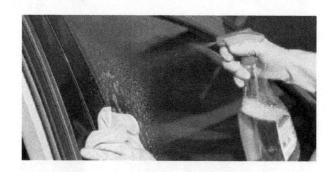

图 6-7　将玻璃清洗剂喷在玻璃上

3. 抛光玻璃

对于前风窗玻璃和后视镜，将适量玻璃抛光剂倒在清洁海绵上，如图 6-8 所示。适当施力以圆周运动重叠方式涂满整个玻璃，如图 6-9 所示。等 3～5min 干燥后，再用干净软布将灰色薄膜擦拭干净，完成后玻璃有夺目的光泽，如图 6-10 所示。

图6-8 将玻璃抛光剂倒在海绵上

图6-9 将玻璃抛光剂涂满整个玻璃

图6-10 用干净软布将灰色薄膜擦拭干净，完成后玻璃有夺目的光泽

4. 玻璃上光保护

玻璃清洁干净后，必须再喷涂玻璃上光保护剂（玻璃清洁、上光保护二合一产品除外），如图6-11所示。但要注意不要在前风窗玻璃上使用含硅酮的玻璃保护剂，以防刮水器片因干摩擦而缩短寿命。

图6-11 喷涂玻璃上光保护剂

第二节　汽车玻璃的损伤修复

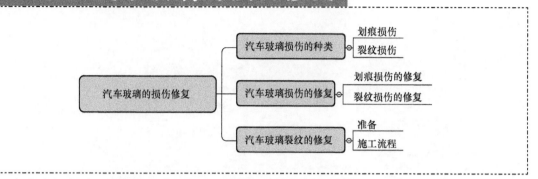

在高速行车时，很多人都有过风窗玻璃被石子或其他硬物弹裂的经历。遇到这种情况，如果为了一个小裂痕就换掉整块玻璃，实在是不值得。如果置之不理，风压又会让裂缝越扩越大，不仅影响美观，而且会对安全造成威胁。这时，做汽车玻璃修补是较理想的解决办法，它针对玻璃裂缝或小伤口进行处理，操作时间短，不会影响日常用车。

一、汽车玻璃损伤的种类

玻璃的特性是硬度高、透明度高。但是玻璃材质也非常脆，"宁碎不弯"，当受到外力撞击时容易受损伤，受损后维修难度大。玻璃损伤的类型有划痕损伤和裂纹损伤两大类。

1. 划痕损伤

如图 6-12 所示，汽车玻璃的划痕损伤是受到硬物摩擦而在表面产生的很浅的印痕。前风窗玻璃上最容易出现划痕损伤，大多是由于刮水器造成的，比如在未喷玻璃清洗液的情况下刮水器刮脏污的风窗玻璃就很容易产生划痕。玻璃划痕不但影响美观，更主要的是会影响驾驶员的视线，给行车安全带来隐患。

2. 裂纹损伤

如图 6-13 所示，汽车玻璃的裂纹损伤是由于玻璃受到外力作用，从外表到内部产生分裂，严重的会从外表面到内表面完全裂开。并且，裂纹会随着继续受力而逐渐扩大，甚至造成整块玻璃完全断开。玻璃裂纹损伤也会严重影响美观，并且给行车安全带来更多的隐患。

图 6-12　汽车玻璃的划痕损伤

图 6-13　汽车玻璃的裂纹损伤

一般汽车玻璃的裂纹会出现三种形状，分别是线形裂纹、圆形裂纹和星形裂纹。更多的时候是多种损伤同时出现的复合形式，维修难度加大，维修后的效果也不太让人满意。

1）线形裂纹损伤多见于粘接安装的汽车前风窗玻璃。在使用中，受到剧烈振动后局部受力不均、玻璃表面温度变化过大、重新安装的玻璃位置不佳等，这些原因都会产生线形裂纹。线形裂纹出现后，若不及时处理会不断变大，最后造成整块玻璃报废，如图6-14所示。

2）圆形裂纹损伤是由于玻璃表面受到外物撞击，造成表面缺损，形成边缘比较规则的圆形凹陷，如图6-15所示。

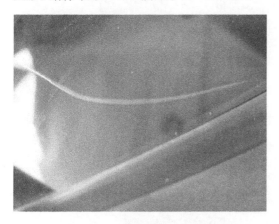

图6-14 汽车玻璃的线性裂纹

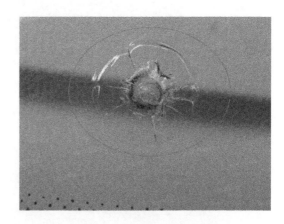

图6-15 汽车玻璃的圆形裂纹

3）星形裂纹损伤是玻璃受到外物撞击后，形成以撞击点为中心向四周发散的裂纹，如图6-16所示。

二、汽车玻璃损伤修复

1. 划痕损伤的修复

玻璃划痕损伤的修复方法与车身涂膜划痕抛光美容方法相似，但是需要使用玻璃划痕修复专用研磨剂和抛光剂进行抛光和修复。

图6-16 汽车玻璃的星形裂纹

2. 裂纹损伤的修复

玻璃裂纹损伤的修复主要是在裂缝中填补玻璃修补剂，消除缝隙。填补缝隙所用的材料是一种透明度很高的液态胶质，这种胶质通过紫外线加热可迅速凝固，强度可达到原玻璃的90%以上，并且保证玻璃的透光性良好。通常一个圆形裂纹，在修补完成以后只会剩下一个小小的圆形痕迹，如图6-17所示；星形裂纹修补完会留下蛛丝状的痕迹；线形裂纹只会留下一条隐隐约约的线，而且只有在某个反光的角度，才看得到修补的痕迹，平时看到的仍然是一块"天衣无缝"的好玻璃。

不是任何破损都可以做玻璃修补的，一旦玻璃已经断裂分离，或是破成碎片，都是不可修复的，如图6-18所示。而且若是裂痕太大，修补费用也许会与换新玻璃不相上下，何况修补还会留下"疤痕"。因此，汽车玻璃的修补，只有在破损不大的情况下采用，方可省时省钱。

图6-17　玻璃圆形裂纹修补后

图6-18　破损严重的汽车玻璃

三、汽车玻璃裂纹的修复

1. 准备

1）将玻璃表面清洁干净，尤其是有裂纹的部位。清洁干净以后，玻璃表面要保持干燥。

2）保护好仪表板等内饰，防止在施工时玻璃修补剂滴落到内饰表面而造成损伤。

3）如图6-19所示，准备好玻璃裂纹修补用的材料和设备，如玻璃修复液、固化灯等。

2. 施工流程

1）将玻璃裂纹修补支架固定在需

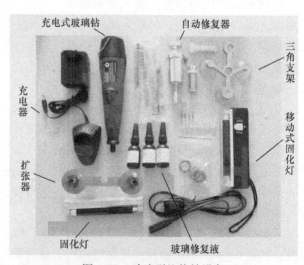

图6-19　玻璃裂纹修补设备

要修补的裂纹处，调整好位置和高度，确保安装牢固，如图 6-20 所示。

2）在支架上安装加液器，保证加液器的加液口与裂纹对正。

3）用真空注射器将玻璃伤口内的空气抽掉。

4）在加液口填以玻璃修补剂（液态胶质）。经过反复几次抽压后，修补的空间至少会有 90% 盛满了填补液。此后裂纹逐渐变小，直至消失，如图 6-21 所示。

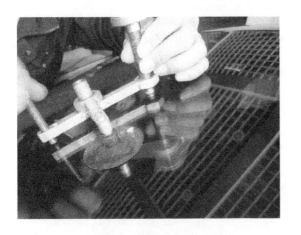

图 6-20　安装玻璃裂纹修补支架

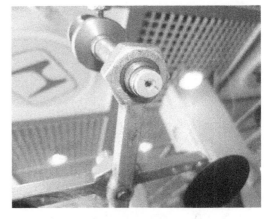

图 6-21　填补裂纹

5）用紫外线灯上下左右各照射 2min，让修补剂凝固，如图 6-22 所示。

注意：紫外线对人体有伤害，在使用时要注意做好防护，切记不可直接照射人体。

6）修补剂凝固后，伤口的中心点还会有一个小缺口，这时再滴入浓度较高的修补剂，盖上玻璃片，同样用紫外线灯照射烘干。

7）用刀片将表面多余的玻璃修补液刮除，涂上玻璃专用抛光剂，用布磨光即可，如图 6-23 所示。

注意：用刀片刮平时，使用的刮刀刃口要光滑，不能将玻璃表面刮伤。

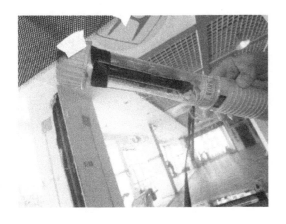

图 6-22　紫外线灯烘烤

图 6-23　刮平表面

第三节 汽车玻璃的贴膜工艺

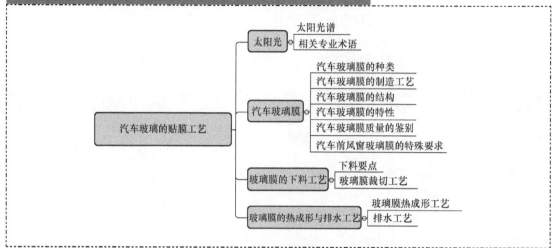

汽车玻璃洁净明亮，透光性好，能保证驾驶人有良好的视野，保证行车安全，但是太阳光中的有害射线也会照射进来。红外线热能高，会提高驾驶室的温度，增加空调的使用频率。紫外线具有破坏性，皮肤长期受紫外线侵害，会加速老化，严重的可引发皮肤癌和眼部疾病。同时，紫外线还可能灼伤汽车内饰，使一些皮件老化。很多车辆采用窗帘来挡光和保护隐私，但是严重影响视线，如图 6-24 所示。

图 6-24　影响视线的汽车窗帘

如果给汽车玻璃粘贴上汽车玻璃膜，那么所有的问题就能迎刃而解了。

一、太阳光

1. 太阳光谱

汽车内温度的升高和内饰受到紫外线的损伤都是由太阳光引起的，太阳光中不单只有对我们有用的可见光，还有我们看不到的紫外线和红外线。太阳光是复色光，复色光经过色散系统分光后按波长的大小依次排列的图案就是太阳光谱，如图 6-25 所示。

1) 可见光（VL），波长大约在 400～700nm。可见光是我们所需要的，并且可见光带有的热能很少，也不像紫外线那样有伤害性。

2) 红外线（IR），波长大于 700nm。红外线能辐射大量的热能，升高温度是它的拿手好戏。

3) 紫外线（UV），波长小于 400nm。紫外线是有危害的射线，按照波长范围的不同将其分为三种。

① UV–A，波长为 320～400nm，能够到达地面，照射时间过长会导致真皮细胞变质，

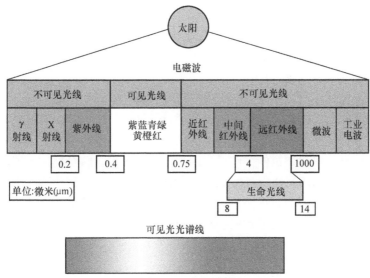

图 6-25　太阳光谱

激活黑色素细胞，使皮肤老化，出现"老年斑"等色斑现象。

② UV–B，波长为 280~320nm，部分能够到达地面，损害人类皮肤细胞中的 DNA，是皮肤癌发病的主要原因之一。

③ UV–C，波长为 190~280nm，基本不能到达地面，危害性最大，严重的可以导致生物死亡。

2. 相关专业术语

① 可见光透过率。该参数表示透过玻璃的可见光通量与太阳光入射可见光通量之比。

这项性能指标对汽车前风窗玻璃贴膜至关重要，因为它直接影响驾驶人的视野清晰度。国家公安部已明确规定风窗玻璃透光率不得低于 70%。

② 太阳能阻隔率。该参数表示玻璃阻隔的太阳能通量与入射的太阳能通量之比。

它是衡量膜隔热性能的一个重要参数，要注意它和红外线阻隔率的区别。红外线阻隔率是贴膜玻璃阻隔的红外线通量与入射的红外线通量之比。在整个太阳光谱中，红外线的能量只占 53%。因为入射的红外线通量小于入射的太阳能通量，所以对于同一种产品，红外线阻隔率要高于太阳能阻隔率，也就是说高的红外线阻隔率并不一定意味着高的隔热性。

③ 可见光反射率。该参数表示玻璃反射的可见光通量与太阳光的入射可见光通量之比。

④ 紫外线阻隔率。该参数表示玻璃阻隔的紫外线通量与太阳光的入射紫外线通量之比。

二、汽车玻璃膜

1. 汽车玻璃膜的种类

（1）控光膜　在汽车装饰美容中心我们经常能看到太阳膜、防光膜、隔热膜等，其实这些都是对控光膜的不同表述。控光膜有如下特性。

① 厚度为 20~50μm，能起到控制光线通过玻璃的作用。

② 合格的控光膜可以挡住 90% 以上的紫外线和红外线。

③ 具有单向透视功能，还能控制扰入的强光，减少眩光，使人的眼睛更舒适。

（2）安全膜　20 世纪 90 年代中期出现了把控光膜和一层抗冲击的薄膜结合到一起的新

产品，这种膜既有控光膜的隔热、防紫外线的作用，又提高了玻璃抗破碎能力，这就是安全膜。安全膜的厚度如果在150μm以上，能把玻璃抗冲击能力百倍提高。我们经常听到的防爆膜实际上说的是安全膜里最高端的产品。

2. 汽车玻璃膜的制造工艺

汽车玻璃膜是通过溅射技术在基材上实现多层不同的金属沉积于同一层面上，层层叠加，能形成均匀的颜色和光线的高水平选择性透过特性。

玻璃膜的基础是聚酯薄膜，它是以纤维级的聚酯切片为主要原料，采用先进的配方，经过干燥、熔融、挤出、铸片和拉伸，然后利用深层染色技术，将染料注入聚酯薄膜基片中而成的高档薄膜。还可以利用真空镀铝、磁控溅射技术生产出全金属化膜。聚酯薄膜被染成各种颜色，可以减少眩目强光和阻止褪色；透明或染色的聚酯薄膜被注入紫外线吸收剂，增加膜阻隔紫外线的特性；防划伤涂层和保护膜也加入膜的结构中；最后经过裁割、分卷、包装制成成品玻璃膜。玻璃膜制造流程，如图6-26所示。

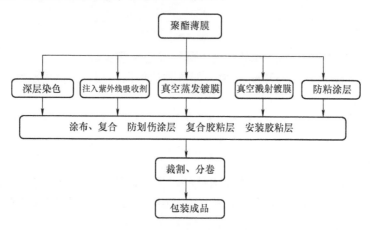

图6-26　玻璃膜制造流程图

3. 汽车玻璃膜的结构

（1）低成本玻璃膜的结构　对于低成本染色膜和低成本金属膜等质量较差的玻璃膜来说，膜和安装胶里基本没有紫外线吸收剂等用以防护紫外线的技术，并且褪色很快，抗刮伤性能也不好。低成本玻璃膜的结构如图6-27所示。

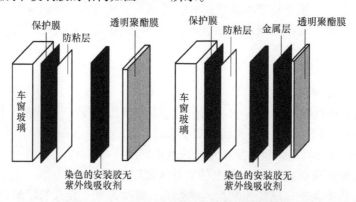

图6-27　低成本染色膜和低成本金属膜结构

（2）高质量玻璃膜的结构　对于高质量的玻璃膜来说，在膜上和安装胶中都采用了紫外线吸收防护技术，严格控制紫外线的通过率，并且防刮伤性能良好，经久耐用，正常使用可以保证5~8年不会出现质量问题。高质量玻璃膜的基本结构如图6-28所示。

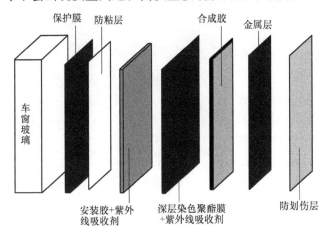

图6-28　高质量玻璃膜的结构

4. 汽车玻璃膜的特性

（1）阻隔特性　热传导有三种形式：辐射、传导、对流。汽车玻璃膜主要是利用阻碍辐射和对流的形式来隔热，防的主要是太阳的辐射热，还能够阻隔紫外线以防止内饰老化损伤，贴膜前后辐射的情况对比如图6-29所示。

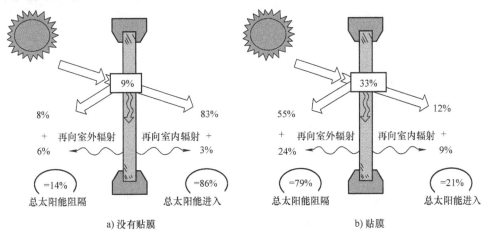

图6-29　贴膜和未贴膜的透明玻璃阻隔对比

（2）防眩目特性　汽车玻璃膜能控制透过光线的强度，防止扰入的强光照射眼睛，尤其是在下午正对太阳行驶的时候，汽车膜防眩目的作用就更明显了。

（3）单项透视特性　如图6-30所示，有些汽车玻璃膜在制造的时候采用特殊的工艺，使膜具有了单向透视的功能。这种汽车玻璃膜粘贴到车窗上后，在车外看不到车内的事物，但是在车内能够清楚地看到车外的景物。需要注意的是，玻璃膜的单向透视性有随光改向性，就是单向透视总会透向光线强的一面。也就是说，只有车内的光线比车外弱的时候，才不能看清车内；相反，如果车内的光线比车外强，则在车内会看不清车外情况。因此在晚间开车的时候一定不要打开车内的灯光，这样会对行车安全造成严重影响。

（4）安全特性 汽车玻璃膜在玻璃破碎的情况下，能够保证玻璃碎片不脱落、飞溅，防止伤人。同时，玻璃膜的高端产品安全膜，还具有很好的安全防护性能。

（5）收缩特性 汽车膜的基片是由通过拉伸成形的长链高聚物复合而成，在成形过程中，长链高分子会沿拉伸方向定向排列。一旦再次受热，长链高分子就会收缩回复到未拉伸的状态，这就是汽车膜加热成形的原理。

图 6-30　具有单项透视特性的车膜

① 收缩方向。汽车膜的纵向也叫机器边方向，即膜的卷起方向，是主要的拉伸方向。一般来说，膜的收缩只能沿着这个方向。任何与机器边方向垂直的皱褶都可以很好地收缩。因此，一定要区分汽车膜的机器边方向和幅宽方向，正确地铺放和裁切汽车膜，为进一步的加热成形做好准备。正确地排布方向，才能使玻璃膜热成形，如图 6-31 所示。

② 幅宽方向。顾名思义，幅宽方

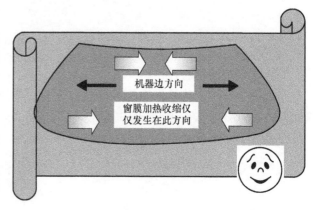

图 6-31　正确排布方向

向就是与机器边方向垂直的横向，在该方向上玻璃膜基本不能拉伸。而沿机器边方向排列的皱褶一旦受热，只会进一步拉伸变形，变得更难对付。错误的玻璃膜排布方向会导致玻璃膜不会收缩，如图 6-32 所示。

图 6-32　错误排布方向

5. 汽车玻璃膜质量的鉴别

（1）假冒伪劣产品的危害　劣质玻璃膜往往没经过环保检测，安全方面缺乏保障。在玻璃膜产品的生产过程中，要用到甲醛和苯等基本溶剂。正牌产品，虽然制造过程中使用了这些溶剂，但是收尾的时候，会把它们重新提取出来。但是假冒伪劣产品没有这个生产工艺，成品膜上会有大量溶剂残留。将这种玻璃膜贴到汽车玻璃上会直接对人体造成伤害。

阳光中真正有危害性的光线是紫外线，而不是红外线。红外线热能高，紫外线就不同了，它是对人体有危害的射线，照射的时间长了，被照射的部位会感觉到疼痛，甚至脱皮和生斑。劣质玻璃膜产品往往只是把红外线挡住，而不阻隔紫外线。这种玻璃膜贴到玻璃上以后，隔热效果很好，但是时间一长，手上、胳膊、脸上的皮肤仍然会变黑，甚至会感觉到疼痛，以致脱皮。这些都是劣质玻璃膜没有紫外线阻隔功能造成的。

再有，劣质的玻璃膜根本不具备安全性，贴上它以后甚至会增加玻璃破碎时的伤害。

（2）正品的鉴别方法

1）观察法。膜和其他产品一样，正品往往很细腻、光滑、质地均匀，手触摸质感很强。假货、劣品则黯淡、粗糙、没有光泽。正品透光率极高，甚至可以达到95%。

2）灯光检查法。检查时将膜粘贴到玻璃上，用高瓦数的浴霸灯来照射以检验不同档次太阳膜的透光性、隔热性和单向透视性。玻璃膜隔热性的好坏一目了然，如图6-33所示。

图6-33　不同汽车膜隔热性对比

3）检查安装胶层。检查安装胶层可以通过检查其黏性、味道、是否掉色等来判断玻璃膜质量的优劣。

① 检查安装胶的黏性。取一块5in相片大小的样品，把衬膜撕开，用手指粘上去以后甩不下来，说明膜的乳胶性能好。

② 判别安装胶的味道。撕开保护膜，高质量的玻璃膜安装胶没有刺鼻的异味，而劣质的玻璃膜，撕开保护膜以后会有刺鼻的味道。

③ 检查是否掉色。太阳膜通常是采用本体渗染和溅射金属着色的方法令膜有颜色，本体渗染使膜有颜色的称为自然色膜，溅射金属使膜具有金属色的称为金属膜，采用这两种方法着色的膜是不易褪色的，尤其是金属膜。但市场上很多低档劣质膜，大多采用粘胶着色的方法来着色，即在粘胶中加入颜料，然后涂在无色透明膜上使膜有颜色，这种膜称为染色膜。这种膜靠颜色的深浅来隔热，隔热效果差，不耐晒很易褪色，褪色后便无隔热功能。区分这些不同着色方法的膜，只需在膜的安装胶上喷些化油器清洗剂，如此可令染色膜褪色，

而自然色膜和金属膜无变化。

6. 汽车前风窗玻璃膜的特殊要求

1）我国 2004 年 10 月 1 日起实行的《机动车运行安全技术条件》规定：汽车前风窗玻璃的可见光透射率不允许小于 70%。因此汽车前风窗玻璃要贴膜，必须贴透光率达到 90% 以上的膜，以保证总透光率超过 70%，达到安全的标准（图 6-34）。

2）所有车窗玻璃不允许张贴镜面反光遮阳膜。无论是为了满足隔热防紫外线等控光要求，还是要防范意外事故、抵御非法侵犯，要采取措施就必须保证前风窗玻璃具有足够的透

图 6-34　前风窗玻璃膜的特殊要求

光性。所贴膜应以视线清晰、不增加风窗玻璃的反光和不影响驾车安全为首要前提。

汽车前风窗玻璃膜在达到国家规定透光性的前提下，还要保证良好的控光性和安全性，因此前风窗玻璃膜绝对不能用其他膜代替。

三、玻璃膜的下料工艺

1. 下料要点

① 测量玻璃尺寸时一定要在玻璃外表面测量。若要利用模板进行下料，也一定要在玻璃外侧制作模板。

② 在玻璃膜上测量尺寸，或者利用模板裁切玻璃膜时，一定要在有保护膜的一面测量。

2. 玻璃膜裁切工艺

① 裁切玻璃使用的刀具硬度要适中，刀尖部位要光滑无毛刺，保证能整齐裁切玻璃膜而不能划伤玻璃。

② 裁膜时，刀具的工作部位集中在刀尖，一般连续裁切距离在 3～4m。超出这个距离就要掐断旧的刀尖部位。

③ 裁膜时，刀具要尽可能放平，用力要适中，沿着裁切方向向后拉，而不是向前顶着推，如图 6-35 所示。采用这样裁切手法，能保证裁膜边缘整齐，并且不容易损伤玻璃。

④ 裁膜的起点一般选择在直线与圆弧交接的部位，中间尽可能不要停顿，最好一刀成形，尤其是圆弧部位，更不能断断续续地裁切，否则很容易形成锯齿状边缘。

⑤ 对侧窗玻璃或以橡胶条固定的风窗玻璃裁膜时，一般以玻璃外表面与橡胶密封条的边缘为边界进行裁切，如图 6-36 所示。

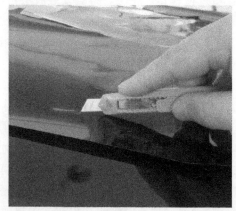

图 6-35　裁膜刀的角度

⑥ 粘接式的风窗玻璃外缘一圈有黑色釉点，这时最好以釉点的内缘为边界进行裁切，如图 6-37 所示。无论为哪种玻璃裁膜，为了获得最佳外观效果，在裁膜时可以采用一个人在车内用荧光灯向外照射的方法，来保证裁膜的准确性。

⑦ 在进行裁膜练习时，可以先用报纸代替玻璃膜练习，先在报纸上利用模板画出图形，再按要求裁切，反复练习即可逐步掌握裁膜的基本要领。

图 6-36　侧窗玻璃裁膜

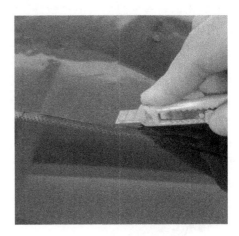

图 6-37　有釉点玻璃的裁膜

四、玻璃膜的热成形与排水工艺

1. 玻璃膜热成形工艺

（1）热风枪的使用

① 热风枪上有加热开关，并分加热挡位，用来调节加热速度的快慢。

② 有些热风枪上还有一个温度调节旋钮，可以设定和调节烘烤温度的高低，如图 6-38 所示。在烤膜时，一般把温度调节到 200℃ 左右即可，出风口处的即时温度可通过显示屏显示，便于操作者及时调整，如图 6-39 所示。

图 6-38　调节温度旋钮

图 6-39　温度显示

③ 在使用热风枪加热时，注意出风口不要与被加热表面垂直，防止热风回流而造成热风枪损坏。在烤膜时，热风枪一般都保持 45°角左右，并且要不断移动，当膜有收缩现象时

马上将热风枪移开。

④ 热风枪出风口与被加热表面不要距离太近，以免损坏设备和玻璃膜，甚至造成汽车玻璃的损坏。

（2）烤膜工艺

① 需要热定形的膜在裁切时一定要竖裁（也就是说玻璃的横向与膜的卷曲方向一致）。

② 定形时将玻璃膜的保护膜朝外，铺于曲面玻璃的外侧，在玻璃膜和玻璃之间洒上安装液，用刮板将形成的褶皱调整成竖向的。

> **注意**：裁膜方向与褶皱调整方向要正确，否则窗膜不会收缩。

③ 采用温度可调的热风枪对玻璃膜进行加热，一边加热一边用塑料刮刀挤压玻璃上的气泡和水，使玻璃膜收缩变形，直至与玻璃的曲面完全吻合。加热要均匀，不要过分集中，否则可能会因为温度太高造成玻璃开裂。湿烤热成形如图 6-40 所示。

图 6-40　湿烤热成形

2. 排水工艺

① 刮水。刮水的目的在于通过去除玻璃表面的污水，达到清洁玻璃的作用。刮水工具为带有软胶条的刮水板，它的胶条柔软、平整、光滑，可以贴合玻璃表面，以便方便地清洁黑色釉点区域、去雾线及其他表面的凹凸区域，并且即使有杂质颗粒，也不会划伤玻璃表面，如图 6-41 所示。

② 挤水。挤水的目的在于通过去除窗膜下面的液体达到缩短干燥周期，提高粘接强度的效果。挤水工具应使用坚韧、锋利、有弹性的挤水铲，它能最大限度地挤去安装液，提高工作效率，如图 6-42 所示。

挤水过程中要注意对用力方向的把握。刮水板的用力方式为"拖"，挤水板的用力方式为"推"，刮水和挤水次序和路径要重叠有序地进行。

图 6-41　前风窗玻璃刮水

图 6-42　挤水操作

第四节 汽车玻璃贴膜的施工

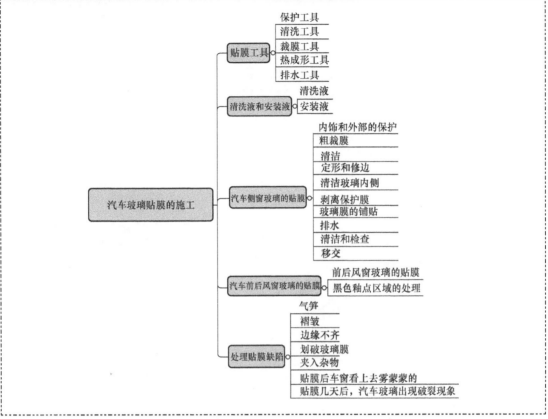

汽车玻璃形状不规则，尤其是前后风窗玻璃都有较大的弧度，同时汽车玻璃的安装方式有可移动的，也有固定式的，这样就给玻璃膜粘贴施工带来很大的难度。技术人员应在掌握玻璃膜基本施工工艺的基础上，才能进行汽车玻璃膜的粘贴操作。

一、贴膜工具

贴膜施工时要用到很多工具，其中大部分是贴膜专用工具。在品牌膜的施工店里都会有各种各样的工具包，有的做成围裙式，有的用一个精致的手提箱盛装。贴膜工具多达30多件，能解决贴膜施工时遇到的各种问题。这些专用工具都是专门针对膜和玻璃的防损与保护而专门设计的。按这些工具的用途不同可分为保护工具、清洗工具、裁膜工具、热成形工具和排水工具。

1. 保护工具

① 保护膜。防止内饰部件和车身被清洗液和安装液淋湿，或液体残留而产生难以去除的污渍。

② 毛巾。用来保护仪表台、座椅等内饰。还可用于垫放工具，防止工具划伤并吸收流淌下来的清洗液和安装液。

2. 清洗工具

① 水壶。盛放玻璃清洗液和安装液，使用时能产生一定的压力，将液体喷出，还可以

调节喷雾形状。

② 铲刀。清除玻璃上的顽固污渍和残留的粘贴物，如图 6-43 所示。

3. 裁膜工具

① 裁切剪刀。用来裁剪玻璃膜，修饰形状，分离保护膜。玻璃膜的裁切是在车窗玻璃上直接进行的。为了精确地裁出玻璃膜，同时又不划伤玻璃，必须掌握正确的持刀方法。

② 测量尺。用来测量车窗和膜的尺寸，便于粗裁。裁膜时取直。

③ 裁膜工作台。用来摆放玻璃膜和玻璃膜粗裁时的操作台，要求平滑且不能过硬。

4. 热成形工具

① 热风枪。用于加热玻璃膜，使其收缩变形，达到与玻璃一致的形状。还可以将玻璃上有用的粘贴物加热，以便取下，如图 6-44 所示。

图 6-43　铲刀　　　　　　　　　　　　　　　　　图 6-44　热风枪

② 大号塑料刮板。用于刮平玻璃膜、在玻璃膜加热收缩后辅助成形、辅助玻璃膜排水、清洁玻璃，如图 6-45 所示。

5. 排水工具

① 橡胶刮水铲。用于刮平玻璃膜，可以在成型时使用，也可以在贴膜时排水使用，如图 6-46 所示。

② 橡胶刮板。用来排水，可彻底排水，如图 6-47 所示。

③ 小号塑料刮板。贴膜时辅助玻璃膜插入密封条内，以便彻底排水，如图 6-48 所示。

图 6-45　大号塑料刮板　　　　　　　　　　　　　图 6-46　橡胶刮水铲

图 6-47 橡胶刮板

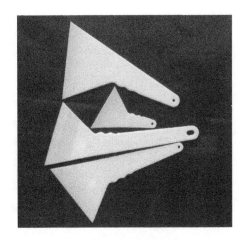

图 6-48 小号塑料刮板

二、清洗液和安装液

清洗液和安装液用于玻璃的清洗和安装，专用的清洗液和安装液能保证玻璃膜的安装质量。

1. 清洗液

清洗液对于分解和去除玻璃表面及微孔中的油渍、污渍具有独特功效，能够去除玻璃上的油迹、蜡或其他比较难清洗的污渍，达到最佳清洁程度。清洁的玻璃表面能够极大地增强安装液的润滑效果。清洗液要按使用说明中规定的比例稀释后使用。

现在市场上有很多贴膜中心使用其他的清洗用品替代玻璃膜清洗液，施工质量无法保证。

2. 安装液

安装液有助于玻璃膜的滑动定位，其成分类似于婴儿香波，但是不含甘油、香精、色素及其他多余添加剂，因而不会影响安装胶的化学组成及车膜中金属层的长期稳定性，使玻璃膜与玻璃达到最大粘接强度。安装液要按使用说明中规定的比例稀释后使用。

> **注意**：旧清洗液和安装液的沉淀物和小颗粒会造成玻璃和玻璃之间的斑纹和畸变点，因此应每天清洗容器瓶并更换溶液。

三、汽车侧窗玻璃的贴膜

如图 6-49 所示，从玻璃膜的选择，到玻璃膜的粘贴，再到交车，构成了玻璃膜施工的整个工艺流程。具体的施工工艺会根据不同的玻璃膜产品而有所不同，但基本的工艺流程相似。

1. 内饰和外部的保护

汽车内饰的保护尤为重要，否则清洗玻璃的溶剂会弄污内饰或渗进汽车的电控系统而导致开关失灵甚至局部短路，因此必须仔细做好车辆的外露电控开关和音箱的保护。方法为用较厚的浴巾遮盖在仪表台和后盖板上，车门内饰板、座椅、转向盘等也要做好适当防护，如图 6-50 所示。车身的外部也需要适当的防护，以免刮伤漆面。

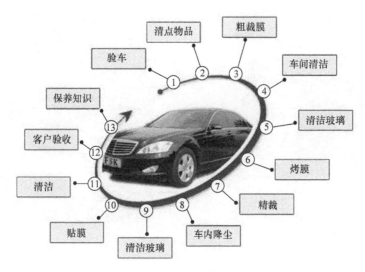

图 6-49　贴膜流程

2. 粗裁膜

（1）测量车窗尺寸　侧门窗顶部裁膜尺寸要大于原车窗玻璃边缘尺寸5cm，左右两边要大于原车玻璃边缘尺寸1cm，底部在上膜时预留1～2cm的余量，如图6-51所示。有时为了工作方便也可以利用车窗形状的模板进行粗裁膜。

图 6-50　仪表板保护

图 6-51　测量车窗尺寸

（2）下料　下料时一定要注意两点。

① 确定侧门窗玻璃要定型烤膜时，裁膜一定要选择竖裁，即玻璃宽度的尺寸与膜的卷起方向一致。

② 在膜上施工时，一定要在有保护膜的一面进行，否则裁下来的玻璃膜形状会与玻璃形状相反。

3. 清洁

（1）清洁玻璃密封条　门窗玻璃密封条有两种类型：胶边和毛边。

① 胶边的两种清洁方法：用吹气风枪吹出藏于密封槽内的沙粒、杂物；或者向密封槽

内喷洒适量的清水，用直柄塑料刮板直接清理内槽。

注意：刮板使用时要包覆一层擦蜡纸，擦拭时要按一个方向进行，不要来回擦拭，以免沙粒和污垢黏附于擦蜡纸后又被带回槽内，每刮一次都要变换擦蜡纸的清洁面。

② 毛边的两种清洁方法：用2cm宽的美纹纸贴住密封槽边上的内毡毛；或者将喷壶嘴调至最小出水量喷洒少量清水在毡毛上，使毡毛稍微湿润，粘住毛体。

（2）玻璃外侧的清洁 在外侧玻璃上喷洒清洗液，用手涂抹一遍，因为人手的敏感度最强，能感触到稍大的尘粒，遇到黏附较牢的污垢时可用钢片刮刀清除，其他部位用擦蜡纸清理，如图6-52所示。

4. 定形和修边

除个别车款，侧窗太阳膜基本不需要加热预定形，可直接覆在玻璃外侧上压刮定形。

将汽车膜平铺于玻璃外表面，保护膜朝外，注意玻璃膜边缘要平行于外部底边压条，并确保有足够余量（3~6mm）低于车内压条。换上崭新的刀片，在汽车膜两条边的夹角处将刀片的头部刺入，刀片顶端靠住现成边框，利用窗框或胶条作引导进行切割。下部裁切完成后，将膜滑动到适合的位置，使用硬片挤水工具，在汽车膜上挤刮几下固定住整个膜，小心地将膜从底部揭起，然后降下车窗玻璃，露出车窗玻璃顶部，利用玻璃的边缘进行顶边裁切。玻璃膜完全修整完成后转移到裁膜案板上，进行最后的修边，如图6-53所示。

 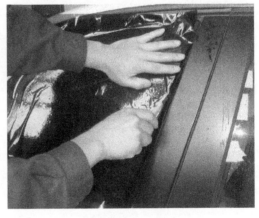

图6-52 清洁玻璃外侧   图6-53 修边

5. 清洁玻璃内侧

玻璃的内侧面为真正的贴膜面，清洁一定要彻底，应按下列要求反复清洁。

① 先对车厢内部空间喷洒细微的水雾，使空气中的尘埃沉聚下来，减少座椅和地板扬尘。

② 在玻璃上喷洒清洗液，然后用手涂抹，检查和剔除稍大的尘粒，对于黏附较牢的污垢和撕下的贴物残胶可用钢片刮刀去除，用硬质的直柄塑料刮板自上而下，由中间向两边清除玻璃上的灰尘，每刮扫一次必须用干净的擦蜡纸去除刮板上的污物。整幅玻璃每刮扫一遍，要用清洗液喷洒一次，最后，用刮板刮除积水，确认玻璃已十分光滑干净，"一尘不染"时，才可转入贴膜，如图6-54所示。

6. 剥离保护膜

在玻璃内表面清洗完成后，将玻璃膜的保护膜撕开，用安装液喷洒暴露的安装胶。这样，安装胶会临时失去黏性，允许玻璃膜在干净的玻璃内表面平稳地滑动。喷完安装液以后，再将保护膜贴到玻璃膜上，防止沾染灰尘和杂物，如图6-55所示。

图 6-54　清洁玻璃内侧

图 6-55　剥离保护膜

7. 玻璃膜的铺贴

侧门窗玻璃的性能有两种：防水玻璃（奔驰、宝马等使用）和不防水玻璃（多数普通车款使用）。上膜时，由于防水玻璃在喷水后水珠不会附着，水分流失快，故宜采用由下向上的贴法（优点是下端积聚水分较多，利于膜的移动）。不防水玻璃由于喷水后水珠附着，水分流失少，故通常采用由上向下的贴法（优点是能有效避免沙粒粘到膜上）。一般上膜多数采用由上至下的贴法。首先在玻璃内表面喷洒安装液，撕掉保护膜，将膜整个揭起，尽量准确地安放在玻璃内侧并滑动到理想的位置，如图6-56所示。

8. 排水

在每片玻璃膜安定于它的最终位置后，应立即在玻璃膜表面再次喷洒安装液，润滑需挤水的表面，同时，把保护膜粘贴到玻璃膜的背面。专用的挤水工具可排除所有"气泡"和尽可能多的安装液，如图6-57所示。几天后，残留的水分慢慢地透过玻璃膜而被排除。玻璃膜干燥的时间取决于气候、湿度、玻璃膜的结构和挤水后残留水分的多少。

图 6-56　铺贴玻璃膜

图 6-57　排水

9. 清洁和检查

当安装工作完成后，将所有窗玻璃仔细地擦洗一遍，去除条纹水迹和污迹，使整个汽车光洁一新，如图 6-58 所示。需要查看和解决的问题包括有无气泡或微小的地毯纤维、使用专用硬质挤水片沿某一边缘排除贴膜问题。

10. 移交

如图 6-59 所示，把汽车擦净后驶到室外，完成最后的视觉检查。在日光下检查没有任何缺陷后，准备提交汽车给客户，并向客户解释质量保证程序以及基本的保养和维护说明。

贴膜完毕 1~3 天内不要摇下车窗，不要清洗内侧车窗，以保证达到令人满意的施工效果。

图 6-58 清洁

图 6-59 移交检查

四、汽车前后风窗玻璃的贴膜

1. 前后风窗玻璃的贴膜

前后风窗玻璃的贴膜基本流程与侧窗一样，只是由于几乎所有前后风窗玻璃都有不同程度的球形弯曲，妨碍玻璃膜在玻璃上铺平，使玻璃膜产生褶皱。早期，市场上用多片贴膜拼接来贴弯弧玻璃的玻璃膜，但接缝处会很难看。后改进为在电热丝处裁开，切口比前者隐蔽，但是操作时很容易把电热丝切断，使车子失去除霜、去雪的功能。

目前市场上流行的热成形方法，可以保证整张粘贴前后风窗的玻璃膜。采用这种方法贴膜时的技术难点就是热成形，也就是需要将平面的玻璃膜通过加热定形的方法加工的与玻璃球面形状一致，才能进行整张粘贴。

对球面明显的汽车前后风窗玻璃膜热成形时，不仅要保证膜的质量要好，贴膜技师的技术水平也要有保障。有时还需要进行多次热成形，才能使膜与玻璃形状一致，如图 6-60 所示。

2. 黑色釉点区域的处理

风窗玻璃内侧的黑色陶瓷釉点区域增加了施工难度。在安装过程中，随着安装液的

图 6-60 弧面很大的玻璃膜需二次成形

蒸发，会在黑色釉点区域出现白边的现象，这是由于胶脱离了膜层而造成的。为了避免这种现象，可以先让膜干燥约一个小时，再用尼龙包裹硬挤水板，最后再包上一层纸巾，均匀有力地挤压贴膜的黑色釉点区域。也可以用刀片刮平，使用刀片时要十分小心，防止刮坏其他部位。

五、处理贴膜缺陷

1. 气笋

气笋是指窗膜排水后仍然存在像竹笋尖端一样的气泡，不与玻璃贴合，如图6-61所示。

（1）形成原因

① 排水不彻底。

② 窗膜成形不好，成形时没有跟车窗形状一致就急于粘贴。

（2）解决方法

① 进行排水处理。

② 轻微加热，并用刮板压实。

③ 在边缘部位进行固定，防止气笋重新出现。

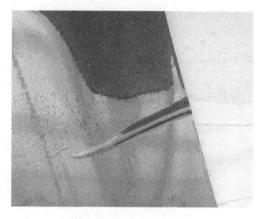

图6-61 玻璃膜气笋缺陷

2. 褶皱

褶皱是指玻璃膜打褶，内部粘接在一起，无论如何刮平都无法消除，如图6-62所示。

（1）形成原因

① 热成形过度，玻璃膜被烤焦。

② 排水手法不正确，使玻璃膜打褶。

③ 剥离保护膜或铺贴玻璃膜时不小心，造成玻璃膜打褶。

（2）解决方法 换新膜，重新粘贴。

3. 边缘不齐

玻璃膜边缘与玻璃边缘距离不等，成锯齿状或波浪状，如图6-63所示。

（1）形成原因

① 裁膜时不细心，下刀不稳，下刀方向不对。

② 裁膜刀过钝，撕扯玻璃膜。

（2）解决方法

① 进行精细修整。

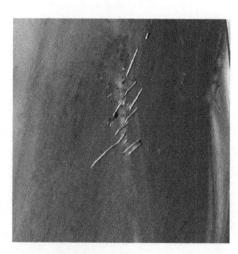

图6-62 玻璃膜褶皱缺陷

② 修整后如果效果依然不好，或者边缘过大，则换新膜，重新粘贴。

③ 边缘留下1~2mm的微间隙，只有这样才能既美观又防止卷边。

4. 划破玻璃膜

玻璃膜在排水时被划出孔洞，如图6-64所示。

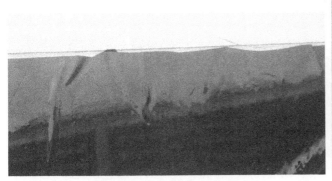

图 6-63 玻璃膜边缘不齐缺陷

图 6-64 玻璃膜划破缺陷

（1）形成原因

① 排水工具没有磨光、磨平，有尖锐突出部位。

② 玻璃没有清洗干净，有沙粒等杂物。

③ 排水时不细心，工具刮坏玻璃膜。

（2）解决方法

① 换新膜，重新粘贴。

② 排水工具要精心处理，刃口部位不能尖锐突出。

③ 排水时要顺着玻璃的弧度施工。

5. 夹入杂物

如图 6-65 所示，夹入杂物是指玻璃膜与玻璃之间有异物夹入，这种缺陷是贴膜时最普遍的。造成这种缺陷的原因多种多样，在整个贴膜过程中，任何一个环节没有注意都可能造成杂物夹入。下面将常见的形成原因和解决方法归纳如下。

① 工作环境的原因。许多贴膜场所没有密闭室，有些人在路边、大小汽车呼啸而过激起许多灰尘、有时风速较大时也有灰尘，因此，若在没有密闭室的条件下贴膜时必须关闭所有车门后才能张贴。

玻璃洗好之后或拆开保护膜时不可让车外人员开关车门，有时用力关门会造成空气快速流动而带入大量灰尘或沙粒。贴膜时要在室内进行，工作场所要进行除尘、防静电处理。有条件的最好建造专用的贴膜间，保证工作环境清洁。

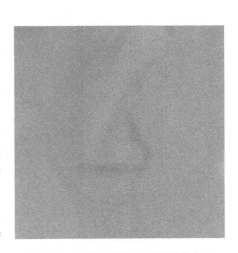

图 6-65 窗膜与玻璃之间有异物夹入

② 施工人员自身的原因。拆开玻璃膜透明部分的保护膜时会产生静电，如果贴膜时贴膜人员所穿的衣服是毛料，或是粘有棉絮灰尘的衣服，就不适合进行贴膜作业，因为，衣服上的棉絮或毛料等杂质会被静电吸附到膜上。

③ 使用的清洗用品。70%以上的施工人员直接使用未经过滤或沉淀的自来水贴膜，这样做是不正确的。因为自来水管里有许多杂质或沙粒会影响水质，有时更换水管管路时也会影响水质。因此，贴膜时所用的水一定要经过过滤或沉淀，保证清洗液洁净。

6. 贴膜后车窗看上去雾蒙蒙的

这是膜在干燥过程中的一个正常现象，是安装液没有挥发完全造成的，对于磁控溅射膜以及安全防爆膜，这种现象更为突出。一般来说，这种现象会随着时间慢慢减弱，最后完全消失。当然这一时间也要取决于膜的种类、环境的温度以及湿度，温暖干燥的气候以及太阳的直射都会加速膜的干燥过程。对于贴膜施工人员而言，要注意使用正确的挤水方法，尽可能地挤掉安装液，缩短干燥时间。

7. 贴膜几天后，汽车玻璃出现破裂现象

这是多种原因造成的，总结起来主要有以下几点。首先，玻璃的自爆是难以避免的。有的人认为这是玻璃中的硫化镍造成的，还有人认为玻璃在钢化过程中会产生微裂纹，当温度下降，玻璃内的热应力就会使微裂纹发展成为裂纹，最终破裂。

另外，极有可能是未使用专用不锈钢刀裁膜造成的。有人认为之所以使用不锈钢刀片，是因为它不会生锈，其实这并不是主要原因。一般的碳钢刀片会划伤玻璃，当温度下降，划伤的部位就会进一步引发玻璃的自爆，因此，贴膜施工人员应该使用专用不锈钢刀片，并掌握正确的用刀方法。

最后，热风枪的不当使用也会造成玻璃的破裂。从热风枪中产生出来的空气最高温度可以达到650℃，几乎等于玻璃钢化时的热处理温度。因此，当玻璃在该温度下过度加热，然后缓慢冷却，受热部位就会回复到未钢化前的状态，从而削弱了玻璃强度。当温度变化引起热应力，最终就会造成玻璃的破裂。

总之，汽车钢化玻璃的自爆是由多种原因造成的。对于贴膜安装人员而言，一方面要使用专用不锈钢刀片，并掌握正确的方法，另一方面，当使用热风枪时，应注意加热温度的控制，加热过的玻璃以不烫手为宜，干烤不失为一种安全且理想的加热方式。

第七章

Chapter 7

汽车内饰美容

第一节　汽车香水的选用

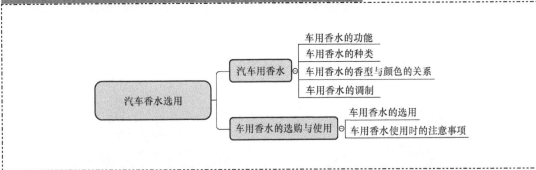

汽车现在已经成为很多人必不可少的伙伴，更有人把汽车当成了自己的家。家的味道一定要香气宜人，家的感觉一定要温馨舒适。于是，汽车的内部装饰就成为有车族日益关注的对象。

由于车内通风条件较差，霉味、烟味及橡胶、皮革等材料的气味难以散发，为使车内空气清新，营造温馨、舒适的车内环境，车用香水应运而生。

一、汽车用香水

1. 车用香水的功能

（1）净化车内空气　车用香水能清除车内异味，杀灭细菌，从而使车内空气得到净化，保持空气清新。

（2）营造温馨环境　车用香水怡人的芳香，营造了温馨、舒适的车内环境，增添了车内浪漫的气氛。车内一种好的香水配置，就像是一首优美的抒情诗、一段迷人的曲子、一杯浓郁的香茗。

（3）利于行车安全　车用香水使车内空气清新，具有清醒头脑、抗抑郁和使人镇定等功效，从而减少行车事故的发生。

（4）兼作车内饰品　车用香水的容器造型各异，绚丽多彩，可与车内饰品相媲美，让人赏心悦目，具有独特的装饰效果。

2. 车用香水的种类

车用香水按形态可分为气雾型、液体型和固体型三种。

（1）气雾型车用香水　如图 7-1 所示，气雾型车用香水也称空气清新剂，主要由香精、挥发性溶剂和气雾剂组成，可分为干雾型和湿雾型等多个品种。这种香水里还含有除菌消臭

剂，可以覆盖车内某些特殊异味，如行李箱味、烟草味、鱼腥味和小动物体味等。

图7-1　气雾型车用香水

（2）液体型车用香水　如图7-2所示，液体型车用香水也称车用香水，是车用香水中比较常见的品种，使用也比较广泛。它是由香精和挥发性溶剂混合而成，多用具有艺术造型的容器盛放，不仅有使用功能，而且还有装饰功能（图7-3）。

图7-2　液体型车用香水

（3）固体型车用香水　固体型车用香水主要是将香精与一些材料（如UV硬化树脂）混合，然后加压成各种造型，也有将其制成香珠，存放在香珠盒内垂挂在轿车空调出风口（图7-4），香气便会随风慢慢散发。另外，一种除烟味香沙（图7-5）能分解吸烟时发出的臭气而不会影响香烟的原有味道，共有五种味道可供选择，既能保证吸烟者的享受，又能为非吸烟者带来和谐的环境。

图7-3　装饰型的车载香水　　　　图7-4　空调出风口的香珠

此外，还有一些利用芳香材料制成的车内用品，如车载香水挂件（图7-6）、香味织物制成的香花、用香味陶瓷制成的艺术台笔等。还有一种能去除烟味、异味及臭味的特种香精，用它制成的空气清新剂喷洒在空中的雾状颗粒，能吸附、包裹飘散在空气中的烟味、异味或臭味气体微粒，形成相对较大的颗粒后落到地面，从而净化空气，并留下茉莉的芬芳，使环境变得清新、舒适、宜人。

图7-5 除烟味香沙

图7-6 车载香水挂件

3. 车用香水的香型与颜色的关系

一般车用香水的香型和颜色是相互关联的，如黄色为柠檬香、草绿色为青苹果香（图7-7）、粉红色为草莓香、嫩绿色为松木香、紫色为葡萄香（图7-8）、乳白色为茉莉香、淡蓝色或淡绿色为薄荷香、橘红色为樱桃香。

图7-7 青苹果香味车载香水

图7-8 紫色的香水挂件

4. 车用香水的调制

调制车用香水的要求如下。

（1）车用香水的主要成分　车用香水的主要成分是香精，选用一定的辅助材料，如溶剂、喷射剂、挥发性溶剂和固体材料等，按一定的比例和适当的方法调制而成。香精是根据车用香水应具备使人愉悦、净化空气、杀菌等性能，利用化学合成或天然香料，经反复实验调配而成。化学合成的香精气味非常浓烈，常常有盖住车内异味的作用；天然香料是一种理

想的香水原料，如薄荷、樟脑、檀木等，香气宜人，但价格一般较昂贵。香精可使车用香水散发出各种奇妙的香气。

（2）车用香水的使用功能　调制的香水必须具有一定的使用功能，应使人感到清新、愉快，还应对空气起到净化、杀菌及除异味等特性，达到对人体无害、对环境无污染等要求。在香水中往往还配有一种叫酵素的化学原料，它能使香气缓慢释放，并具有氧化作用，可分解臭气和杀菌，使香水中释放出来的香气具有抗异味、清脑、镇定等功效。

二、车用香水的选购与使用

1. 车用香水的选用

（1）根据季节和气候选用　在寒冷的冬季，车内开空调时可选用挥发性强的香水，以便有效地去除空调引起的车内异味及其他异味，达到清新车内空气的目的；在夏天最好选用中性、味道较淡的香水，不要选择味道过于香甜的，容易让人产生困意，影响行车安全。

（2）按个人需求选用　驾驶人行车时，需要保持一定的平衡心态，车内的环境需保持温馨、宁静。可选择清甜的鲜花香气、清凉的药草香气、怡人的琥珀香气等香型的香水。

（3）根据性别选用　如果驾车者是女性，乘车者也是女性，一般选用各种清甜的水果香或淡雅的花香型香水；近来动物造型的车用香水（图7-9），因造型活泼可爱、优雅风趣，很受成熟女性的喜爱。若驾车者和乘车者均是男性，则选用香水的外观造型比较单调，选择香水时，以古朴为准，并与车内饰物浑然一体，如淡雅的古龙香、琉璃香、龙涎香等车用香水，比较受欢迎。在外观上，木纹、皮革等式样也比较合适。那种过于夸张、过于艳丽的包装车用香水，往往使人感到不舒适，一般不受欢迎。

（4）按情趣的需求选用　有的驾驶人或乘车者习惯吸烟，不妨选用有浓郁药草香、新鲜绿茶香（图7-10）、甜润苹果香等香味的香水，可以有效地去除烟草中的刺激气味。最好不要选用气雾型的香水，因为气雾型香水易着火。如果喜欢开快车，应最好选凝胶型固体香水。

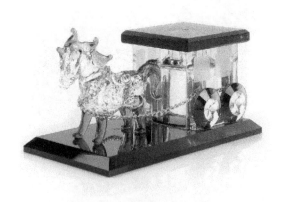

图7-9　动物造型车载香水

图7-10　新鲜绿茶香车载香水

（5）根据车辆状况选用　因车辆状况差异很大，如大型货车与高级轿车，车内装饰差异也就很大。因此，在选择车用香水时，还要考虑与车内装饰协调，讲究整体和谐。总之，以上这些原则，均是为了达到使用车用香水的最终完美效果。

2. 车用香水使用时的注意事项

（1）**认真选购** 在选购车用香水时，应根据香水的选购原则，选择正规厂家生产的商品。最简单的鉴别方法就是观察产品的外包装。首先，产品必须有中文标志。其次，正规厂家生产的商品的外包装上产品说明、生产许可证号、质量监督部门认证标志、生产厂家、厂址、产品的生产单位及日期、保质期等信息比较齐全；还要察看包装及密封性能的好坏。千万不能图便宜购买劣质香水，因为劣质香水多数是用化学香料、工业酒精等勾兑而成，含醛类、苯类成分较高，过多使用会加重车内空气中甲醛和苯等物质超标，而且劣质的车用香水挥发快，香气浓烈刺鼻，闻多了会有头痛、恶心、呕吐等症状，长时间使用对人体危害极大。

（2）**使香水快速见效的经验** 为了使车用香水快速见效，可将选购的香水放置或喷洒在空调器的通风口处，利用气流的带动，香水的香味将很快充满车内，清除异味的效果比较好。

如果选用的是液体香水，也可以洒在手绢上，然后挂在通风口，经风一吹，能很快充满室内。

（3）**车用香水的更换**

1）更换方法不当的后果。当一种香水用完之后，不采取一定的措施，直接更换为另一种车用香水时，往往因前后两种不同香水的相互影响，甚至引起化学反应，产生一些有害物质，不但达不到香水应有的效果，甚至适得其反。有时，还可能使乘员感到不舒适，严重影响驾驶人的情绪，甚至使人变得暴躁、易怒或抑郁，这些都会影响行车安全。

2）合理的更换方法。当一种香水用尽，或未用尽而又需更换香水时，首先将原有香水换掉，把车窗打开，使车内原来的香水味散尽，待毫无残留时，才可更换另一种车用香水。在更换时间上，最好选择在收车之后，这样可以有充足的时间散尽旧的香水味，使其彻底清除，在第二天开车一段时间后再换上另一种香水。最好不要在用车前或途中更换香水。

（4）**合理的摆放** 如图7-11所示，车载香水瓶体的摆放位置尤为重要，首先不能挡住驾驶人的视线，其次不能放置在有安全气囊标志的上方。

图7-11 车载香水的摆放位置

第二节 车室的清洁护理

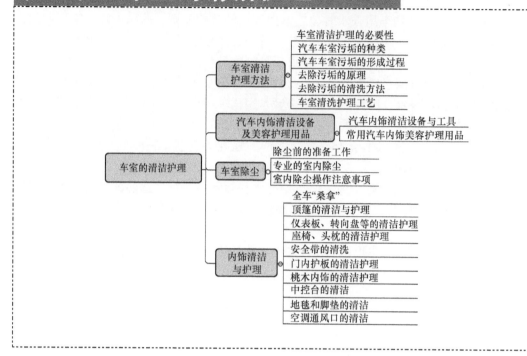

一、车室清洁护理方法

1. 车室清洁护理的必要性

（1）美化车室环境 车室环境对驾乘人员会产生重要的生理及心理影响，现代汽车已越来越注重车身内部的装饰，通过对内饰美容使车室空间保持清新和整洁，给驾乘人员营造一个温馨、美观的乘坐环境。

（2）净化车室空气 如图7-12所示，车室内饰部分平时受外界油污、灰尘、泥沙、吸烟、乘客汗渍及空调循环等不良因素的影响，使车室内空气受污染。内饰中的地毯、座椅、空调风口、行李箱等处经常接触潮湿的空气和水渍，使丝绒发霉、真皮老化，甚至产生难闻的气味，还会滋生细菌，既影响驾驶人身心健康，又不利于驾驶心境。

（3）延长饰件使用寿命 内饰的清洁、杀菌、除臭，可以有效地防止各种污物对内饰如地毯、真皮座椅、纤维织物等

图7-12 净化车室空气

的腐蚀，加之使用专门的保护品，对塑料件、真皮及纤维品进行清洁上光保护，可大大延长内饰件的使用周期。因此，汽车车室的清洁护理非常重要，一般每三个月应进行一次专业

护理。

2. 汽车车室污垢的种类

汽车车室污垢主要有以下三种。

1）水溶性污垢，包括糖浆、果汁中的有机酸、盐、血液及具有黏附性的液体等。

2）非水溶性固体污垢，包括泥、沙、金属粉末、铁锈或霉菌等。

3）油脂性污垢，包括润滑油、漆类产品、沥青及食物油等。

3. 汽车车室污垢的形成过程

（1）黏附 污垢会在重力作用下落在或黏附在物件的表面，当有压力或摩擦力产生时，污垢也会渗透到物件的表层，变得难以去除，如汽车玻璃及仪表板上的灰尘。

（2）渗透 饮料或污水会渗透到物件的表面，被物件所吸收，以致很难清除，如车门内护板、脚垫上的饮料或血渍等。

（3）凝结 粘性污垢变干凝固后，会紧紧粘贴在物件表面，如汽车内饰丝绒、脚垫或地毯表面的轻油脂类污垢。

4. 去除污垢的原理

要想有效地清洗污垢，需要四个方面的相互配合，方能发挥最佳的清洁效果。

（1）高温蒸汽 如图7-13所示，高温蒸汽可以使极难去除的污垢在清洗之前先软化，为手工清洁内饰部件上的污渍做好准备。

（2）水 用水可除去水溶性污垢，但不能去除油脂性污垢，而且难以清洁触及不到的内部物件上的水溶性污垢。

（3）清洁剂 如图7-14所示，清洁剂能有效去除轻油脂及重油脂类污垢，帮助水分渗入内饰丝绒化纤制品。

图7-13 高温蒸汽除垢

图7-14 清洁剂除污垢

注意：泡沫太多的清洁剂不适合内饰丝绒或皮革部件使用，因内饰部件多属于纤维或皮革制品，不易拆卸，更不能放于洗衣机内漂洗，经高泡清洁剂清洁过的内饰丝绒制品，用少量的清水很难清除干净，必须用大量清水冲洗，而渗入丝绒化纤制品的水分又极难晾干，天长日久就会出现霉性异味，导致菌类或虱虫等有害物质的滋生。过多的泡沫还会阻碍清洁剂对针织类内饰用品发挥效能。内含非离子表面活性剂的环保型低泡清洁用品特别适用于内饰，不需用大量清水冲洗，只需用干净的半湿毛巾擦净表面被清洗掉的污垢和残留的清洁剂即可。

（4）作用力　清洗车室内的物件时，拍打、刷洗、挤压等皆有助于去除污垢。

5. 去除污垢的清洗方法

按照使用设备的不同，清洗方法可以分为机器清洗和手工清洗。

（1）机器清洗　机器清洗（图7-15）最大的特点就是使用内饰蒸汽清洗机配合多功能强力清洁剂，利用温度极高的蒸汽软化污渍，可以清除内饰部件上很难清洗的污渍，可用于丝绒、化纤、塑料、皮革等几乎所有车室部件的清洗。机器清洗操作起来比较方便省事，操作时应根据不同材料的物件选择不同的温度，以免损伤物件，并用半湿毛巾包裹适合内饰结构的蒸汽喷头进行。

（2）手工清洗　手工清洗（图7-16）要求选用合适的清洗剂。一般来说，清洗剂的去污配方主要由非离子活性剂、油脂性溶解剂、泡沫稳定剂和香料等组成，能迅速去除车室内饰表面的尘垢和各种污渍。

图7-15　机器清洗

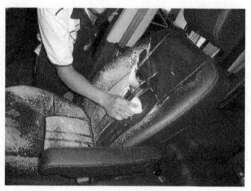
图7-16　手工清洗

6. 车室清洗护理工艺

车室的清洗护理是一项系统且细致的护理作业，一定要遵循合乎规范的程序。其基本程序包括室内除尘（图7-17）、内饰清洁与护理和汽车内室的杀菌、消毒与熏香（图7-18）等。车室的清洗护理不像漆面护理那样技术要求较高，只要有设备，基本上可以自己动手实施。

图7-17　车室内除尘

图7-18　汽车内室的杀菌、消毒与熏香

车室的清洗护理施工基本程序为车室除尘→内饰清洁护理→内室的杀菌消毒与熏香→增光处理。

二、汽车内饰清洁设备及美容护理用品

1. 汽车内饰清洁设备与工具

车内清洁的主要设备有真空吸尘机、电热式喷水/吸尘/吸水多功能清洗机、蒸汽清洗机（桑拿机）、汽车臭氧消毒机、光触媒喷涂机、高效多功能洗衣机、汽车美容专用脱水机等，车内除尘的工具主要有静电吸尘刷、擦车手套、毛巾等。

（1）真空吸尘机　吸尘机是汽车美容车间必备的工具。现在市面上常见的吸尘机主要有便携式、家用型和专业型三种，又分干式和湿式两类。一般来说，专业型吸尘机的效果最好，使用较多。真空吸尘机一般采用360°旋转吸口和多级过滤以及简单的过滤层更换，能十分方便地伸进各个角落部位，快速地吸去灰尘。为方便在不同空间中进行工作，常见的接头有正方形、圆形、长方形，如图7-19所示。

（2）电热式喷水/吸尘/吸水多功能清洗机　电热式喷水/吸尘/吸水多功能清洗机是将电加热热水器与真空吸尘器合二为一，操作简单，具有较好的防水性，且集喷出热水、吸尘、吸水三种功能于一体，并配有形状不一的多个吸嘴，能方便地伸进各个角落部位，快速地吸去灰尘，如图7-20所示。

图7-19　真空吸尘机

图7-20　多功能清洗机

（3）蒸汽清洗机（桑拿机）　车身内饰和地毯等纤维绒布织品容易积聚污垢，使细菌容易繁殖，而除尘机只能除尘，无法清除细菌。图7-21所示为一种高效蒸汽清洗机，该机无需任何化学清洗剂的辅助，在短时间内产生高温蒸汽，将高温蒸汽喷射于需要清洁的内饰表面，去除藏匿在其中的细菌和油渍，可以起到快速灭菌作用。其对空调系统出风口的清洁效果更佳。此蒸汽清洗机还可加入各种芳香剂，使清洁后的车内空间芳香、舒适。

（4）汽车专用臭氧消毒机　汽车专用臭氧消毒机能迅速产生大量臭氧进行杀菌消毒，如图7-22所示。臭氧是一种具有广泛性的高效快速杀菌剂，它可在较短的时间内破坏细菌、病毒和其他微生物的结构，使之失去生存能力，并且可以通过氧化反应除去车内的有毒气体

如 CO、NO、SO$_2$ 等。

图 7-21　蒸汽清洗机（桑拿机）

图 7-22　汽车专用臭氧消毒机

（5）光触媒喷涂机　光触媒喷涂机用于将光触媒剂喷涂到物体的表面，达到净化空气，杀死空气中的病毒、细菌、真菌，分解物体表面的污垢并剥离于物体表面的作用，如图7-23所示。

图 7-23　光触媒喷涂机

1in = 25.4mm　　1bar = 10^{5}Pa　　1hp = 745.7W

（6）车载氧吧　车载氧吧实际上是氧吧的一种，由汽车点烟器直流 12V 供电，使用方便。目前市面上有单纯的氧吧（只具备负离子功能）和带过滤器及风机的氧吧，带过滤器的氧吧一般消烟效果比较好些，且能过滤大的尘埃粒子，空气净化效果显著，如图 7-24所示。

（7）汽车美容专用脱水机　汽车美容专用脱水机的特点是容量大、转速高，能在几分钟内达到很好的脱水效果，如图 7-25 所示。

图7-24　车载氧吧

图7-25　汽车美容专用脱水机

（8）高效多功能洗衣机　汽车上的座椅套、头枕套等织物容易弄脏，每隔一段时间都要进行清洗。为了节省车主的时间，汽车美容店应该创造条件，做好全方位的服务工作，在美容的同时，做好织物的清洗。汽车美容店的洗衣机必须集清洗、脱水、烘干和免烫等功能于一体，图7-26所示为节能高效水洗烘干机。

（9）静电吸尘刷　车内除尘的工具主要是手工使用的静电吸尘刷，使用静电吸尘刷可以将室内肉眼无法看见的粉尘或漂浮物进行吸附，防止室内粉尘超标，如图7-27所示。

图7-26　节能高效水洗烘干机

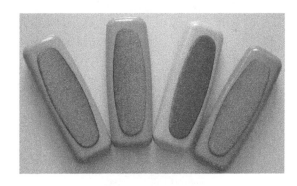

图7-27　静电吸尘刷

2. 常用汽车内饰美容护理用品

汽车内室设备多，结构复杂，材料又各不相同，因此必须采用不同的清洁方法和用品。常用的清洁护理用品有多功能泡沫清洗剂、强力顽渍去除剂、丝绒清洁剂、织物清洗剂、表板清洁剂、表板蜡、防静电清洁剂、橡胶保护剂、皮革清洁护理剂、真皮上光剂、光触媒剂、空调清洁剂和地毯清洁剂等。

（1）多功能泡沫清洗剂　多功能泡沫清洗剂也称万能泡沫清洗剂（图7-28），是一种可生物降解的多功能泡沫型"干洗剂"，适用于任何可清洁的物体表面，具有超强的渗透清洁能力，作用迅速，去污力强，气味芬芳，泡沫丰富，使用安全。所谓多功能是应用范围较广，功能、作用具有多样性，例如增亮、上光、柔顺、杀菌以及防静电、抗老化等。

（2）强力顽渍去除剂　强力顽渍去除剂（图7-29）可用于地毯、家具、尼龙内饰物和丝绒座垫等物品的清洁。独特的清洁头刷可使最难的清洁工作变得非常容易，去除表面顽渍可达到最高清洁度，清洁并恢复地毯和丝绒饰物的原有本色。

图7-28　多功能泡沫清洗剂　　　　图7-29　强力顽渍去除剂

（3）丝绒清洗剂　丝绒清洗剂（图7-30）又称多功能清洗柔顺剂，具有清洁、柔顺和着色三种功能，可清洁护理一次完成。

（4）织物清洗剂　织物清洗剂具有清洁、柔顺和着色三重功能，清洁、护理可以一次完成，并对化纤制品上停留时间不太长的果汁、血迹等具有良好的清洗效果。

（5）表板清洁剂　表板清洁剂（图7-31）主要适用于仪表板，还可用于车门、合成橡胶、塑料制品、人造革及真皮制品等的表面清洗。

图7-30　丝绒清洁剂　　　　　图7-31　表板清洁剂

（6）表板蜡　表板蜡（图7-32）的作用是清洁、上光、保护，可一次完成，不仅增加光泽，在其表面形成一层光洁亮丽的保护膜，美化及恢复自然色彩；更具有防静电、抗紫外线、防水、防霉等功能，减少灰尘积聚，从而有效延长仪表板的使用寿命。

（7）防静电清洁剂　防静电清洁剂（图7-33）喷涂于塑料制品或绝缘体表面，能起到消除静电、防尘、去污、上光、消毒和清新空气的作用。

图7-32　表板蜡　　　　　　　　　　图7-33　防静电清洁剂

（8）橡胶（塑料）保护剂　橡胶（塑料）保护剂（图7-34）富含清洁剂和润滑剂，能一次完成渗透、清洁、保护橡胶门条及汽车中所有橡塑产品，彻底去除汽车玻璃的升降响声并可以去除橡塑表面的油渍、污垢，独有的抗紫外线剂能防止门条、防撞杆、胶边等橡胶件的老化、干裂，使用后可恢复门条等的乌黑光泽。

（9）皮革清洁护理剂　皮革清洁护理剂（图7-35）可清洁所有真皮装饰件，去除表面污垢，清洁、恢复皮革的原有本色，并可以增加对皮革制品的保护。

图7-34　橡胶（塑料）保护剂　　　　　图7-35　皮革清洁护理剂

（10）真皮上光剂　真皮上光剂（图7-36）是树脂型保护剂，能在座椅的表面形成一层保护膜，可以免受污垢的直接侵蚀，并有耐磨、抗紫外线损害和易清洁等功效，上光剂还有防止皮革龟裂的作用。

（11）光触媒剂　光触媒剂（图7-37）顾名思义是以光的能量来作为化学反应的能量来源，利用二氧化钛催化剂，加速氧化还原反应，使吸附在表面的氧气及水分子激发成极具活性的氢氧自由基（OH），这些氧化力极强的自由基几乎可分解所有对人体或环境有害的有机物质（如甲醛、苯系物）及部分无机物质（如氨气、汽车尾气），使其迅速氧化分解为稳定且无害的水和二氧化碳，以达到净化空气的效果。此外，光触媒还可以杀死空气中的病毒、细菌、真菌等，同时能分解由病菌释放出的有害物质；能分解物体表面的污垢并剥离于物体表面；并且因二氧化钛光触媒表面与水滴的接触角几乎是零度，所以表面覆有二氧化钛光触媒的物体都有亲水防雾的功能。

图7-36　真皮上光剂套装

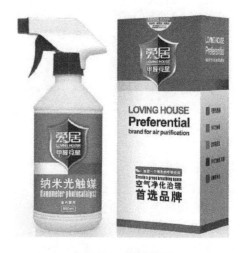

图7-37　光触媒剂

（12）汽车空调清洁剂　如图7-38所示，专业空调系统清洁剂不需要拆解空调系统，可以直接喷在汽车空调蒸发器和车内管路上，能够迅速杀灭霉菌和细菌，去除空调蒸发器尘垢，恢复车内空气的清新，并且能够增加空调系统出风量，改善空调系统制冷效果，减少油耗。

（13）空气清新剂　空气清新剂（图7-39）气味芳香醇厚，能起到杀菌、净化污浊空气和吸烟后残留的烟味的作用，清新空气，同时令乘客仿佛置身于大自然散发的奇花异卉清香中。

图7-38　汽车空调清洁剂

（14）地毯清洁剂 地毯清洁剂（图7-40）适用于各种材质的地毯清洁，去味除菌，用后不需过水清洗，能去除地毯深层污垢，杀灭地毯螨虫及有害细菌，去除霉味，使清洗后的地毯清新、鲜亮、柔软且富有弹性。

图7-39 空气清新剂

图7-40 地毯清洁剂

三、车室除尘

车室内经常积聚大量的灰尘，特别是座椅上的皱裙和一些角落部位的灰尘极难清除。除尘、吸尘是车室美容的第一步。汽车内饰最忌受潮，潮气会使内饰发霉、变质，并发出难闻的气味，因此室内除尘应避免采用水洗的方法，宜采用专用的吸尘机进行吸尘作业。

1. 除尘前的准备工作

（1）入位 将外部清洗结束的车辆移至室内清洁工位，拉上驻车制动器操纵杆，将车熄火，以确保安全作业。

（2）通风 将车辆的四个车门全部打开，将鼓风机风速调至3档，让室内空气和室外的空气进行环流交换。

2. 专业的室内除尘

1）首先将车停稳，并将车内的脚垫和杂物取出，抖去尘粒，将烟灰缸取出倒掉或者用吸尘器吸取。

2）对于汽车内的制动踏板等部件，可以用牙刷或沾有清洗剂的毛巾进行刷洗。要特别注意的是离合器踏板、制动踏板、加速踏板部分，要认真清扫，特别要清除上面的油脂类污垢，这对开车时防滑有很大好处。

3）用真空吸尘机进行细致吸尘。应遵循从高到低的原则，首先进行顶篷的除尘，然后依次是仪表板、头枕、椅背、座垫、车门内侧和地板的除尘。地板的吸尘要分两次操作，第一次用长扁嘴吸头吸掉沙粒，第二次更换带刷子的吸头，针对纤维纺织材料的内饰边刷边吸，主要吸掉灰尘，如图7-41所示。

4）使用静电吸尘刷或专用擦车手套对座椅、顶篷内衬、门内护板和仪表台进行擦拭（图7-42）。

图7-41　车室吸尘　　　　　　　　　图7-42　座椅擦试

5）用半干毛巾对车内座椅头枕、座椅、门内护板、仪表台（图7-43）、仪表板、变速杆、空调出风口等位置擦拭。

3. 室内除尘操作注意事项

1）吸尘时应重视的几个部位：中控台的凹槽、烟灰缸、座椅的边缝、地板拐角、离合器踏板、制动踏板、加速踏板等部位，必要时应反复吸除，直至干净（图7-44）。

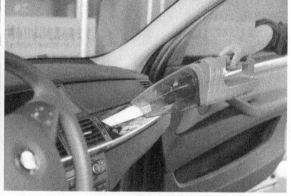

图7-43　用毛巾擦拭仪表台　　　　　　图7-44　车室内除尘

2）吸尘时应注意观察，不要把硬币、金属异物或车主的有用物品吸入。

3）地毯有水渍时，必须先换装吸水扒将水吸尽再更换吸尘嘴进行吸尘作业。

四、内饰清洁与护理

汽车内饰件除尘结束后，还应进行清洁与护理工作，目的是清除附着或浸渍在内饰表面的污物。在车室清洁时，也要求遵循由高处到低处的原则，即从顶篷到座椅、玻璃、仪表板、门边，最后清洁地毯、脚垫等。具体步骤如下。

1. 全车"桑拿"（选用）

内饰清洁与护理前可以用蒸汽清洗机对汽车各内饰件进行蒸汽熏蒸，以增加污物的活性，使之在清洁时容易从载体上分离。对于顽固污渍，配合使用清洗剂效果最佳。更重要的是其具有消毒功能，还能去除车室异味，如图 7-45 所示。

蒸汽清洗机的操作方法：在蒸汽清洗机中放入适量清水，插上电源加热 10min 左右，当压力表指针指到绿色区，按下手柄开关有充足的蒸汽喷出时，即可对车内除仪表板外的部位（包括行李箱）进行蒸汽熏蒸。

2. 顶篷的清洁与护理

汽车顶篷多为毛料（高档车）或纤维绒布制成。由于车顶篷绒布具有吸附性，并因其位置特殊，故其主要污染是吸附烟雾、粉尘及人体头部的油脂，这些污物如果不及时清除，在空气中水汽的作用下便黏附在顶篷上，难以清除。清除时，难以使用机器，只能人工操作，如图 7-46 所示。

图 7-45　汽车内室清洁"桑拿"

图 7-46　汽车顶篷的清洁

（1）清洁方法

1）摇匀多功能泡沫清洗剂（或丝绒清洗剂），距离约 10 ~ 20cm 直接喷到污垢处。

2）停留约 20 ~ 30s 后，在泡沫未干前用吸尘器吸去或用干净毛巾擦干顶篷中的清洁剂污液即可，再从污迹边缘向中心擦拭。

3）如图 7-47 所示，对于污渍严重的部位，喷上清洗剂后使用软刷在污渍上擦拭，再用吸尘器吸去，并可多次重复以上操作。

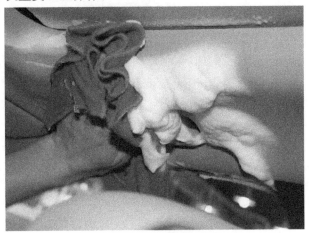

图 7-47　顶篷的擦洗方法

4）处理干净后用另一块干净的毛巾顺着车顶的绒毛方向抹平，恢复丝绒织物原状。

（2）操作注意事项

1）车厢篷壁饰件如果是化纤制品，应先将表面灰尘用吸尘器吸净，然后用多功能泡沫清洁剂洗洁。

2）车顶篷内填充物是隔热吸声的材质，吸收水分的能力强，清洁时毛巾一定要干一些，否则湿的毛巾会使清洗剂浸湿车顶材料，以致很难干燥。

3）不能使用碱性较强的洗衣粉或洗洁精，这些碱性物质在清洁过程结束后，仍有一部分残留在织物内部，极易使化纤织物变黄、腐蚀。

4）多功能泡沫清洗剂使用于纺织品时，需在较隐蔽处先行试用是否褪色，以确保纺织品颜料有足够抵抗力。

3. 仪表板、转向盘等的清洁护理

（1）仪表板的清洁护理　汽车的仪表板、置物箱等大部分是用塑胶制品加上蒙皮组成，外表存在较多细条纹。因其在驾驶室内，不受风吹雨淋，所处环境较好，沾染的成分简单，多为灰尘，容易清除。仪表板的蒙皮，一般都是用人造革制作，一些高级豪华车则用真皮制作，如图7-48所示，清洁护理可选用表板清洁剂或万能泡沫清洗剂。

图7-48　仪表板的清洁护理

清洁方法：

1）首先用半干毛巾将仪表板擦拭一遍，检视是否有积垢过多的地方。

2）如有污渍用毛巾无法清除时，可摇匀表板清洁剂，直立罐身，距离仪表板表面15～20cm均匀喷射，然后用干净的毛巾擦拭干净，达到使仪表板清洁光亮的目的，如图7-49所示。

3）如果个别部位积垢太多，可以将表板清洁剂喷涂于表面，然后用软毛刷稍蘸些清水刷洗，直至表面细纹中的污垢完全被消除，再用半湿毛巾擦净污垢，最后再喷涂皮革清洁剂，用干净的干毛巾擦拭，用麂皮吸去其上的水分，如图7-50所示。

4）仪表台上的电镀装饰件，用无纺巾沾少许镀铬保护剂进行擦拭，擦至恢复光亮即可。

图 7-49 仪表板上喷涂清洁剂后用毛巾探试干净　　　图 7-50 用麂皮擦拭

　　仪表板的清洁护理也可使用表板蜡（图7-51）。在仪表板上喷涂一层表板蜡，稍后用柔软的干毛巾擦拭均匀，也可直接喷于毛巾、海绵，再用毛巾或海绵进行擦拭，清洁、上光、保护一次完成。

> **注意**：在仪表板部位喷涂清洁剂要适量，防止流入仪表板的缝隙内；在使用清洁剂擦拭时，动作要轻柔，避免划伤仪表板。

　　（2）转向盘的清洁护理　转向盘多为酚醛树脂、ABS工程塑料制造，有些还附有人造革或真皮材料，这些材料易沾染油脂、汗渍，积聚各种污垢，应使用多功能泡沫清洁剂清洁（图 7-52）。如果转向盘外面包有外套，可先将外套拆下单独处理，转向盘外套的材料若为橡胶或橡塑，则将多功能泡沫清洁剂喷在清洁海绵上进行擦拭（图7-53），最后喷涂橡胶保护剂。

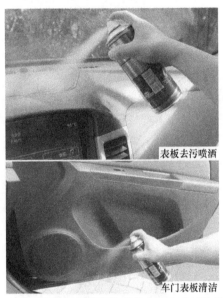

表板去污喷洒

车门表板清洁

图 7-51 表板蜡清洁护理仪表板和车门饰板

图 7-52 转向盘的清洁护理　　　　　图 7-53 转向盘的擦拭

4. 座椅、头枕的清洁护理

　　座椅的使用频率极高，沾有大量的人体汗渍、油渍和细菌，是车内清洁的重点。座椅的清洁护理应根据座椅的材质来确定。座椅一般有两种材质，一种是化纤织物，另一种是人造革或真皮制品。不同的面料要使用不同的清洁剂清洁，不科学的清洁方法会给面料带来损害。

（1）化纤织物座椅的清洁护理　化纤织物座椅的清洗方法分为机器与手工操作两部分。

1）机器清洗。机器清洗是将织物清洗剂装入多功能清洗机中，然后将清洗剂喷在座椅表面，对污物严重的地方可以重点喷涂。这种机器可以循环使用清洁剂，直至其吸收污物、油脂达到饱和后再更换。

2）手工清洗。手工清洗主要用来清洗小的缝隙。将织物清洗剂喷到污处（图7-54），停留 1～2min，使污物充分溶解软化，然后将毛巾用力压在脏污处，挤出溶解了油垢、污物的液体，再从四周向中间仔细擦拭（或用毛刷刷洗），直到清除

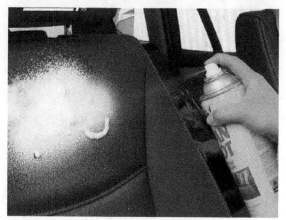

图7-54　织物座椅的清洁

污渍。最后用干毛巾或麂皮吸干，对于特别重的污迹可多次重复上述过程。

注意：1）织物和皮革的颜色是通过吸收染料而形成的，有机染料会与某些清洁剂发生化学反应，出现褪色（氧化）现象。因此在首次使用某些品牌的清洁剂时，应先在座椅面料的不显眼处进行试用，确认无褪色后，才能正式大面积使用。

2）化纤织物的特点是柔顺、色泽丰富，要保持或恢复其柔顺性，需采用专用清洁剂进行处理，绝对不可以用对绒毛制品的柔顺性、光亮度及颜色都有很大影响的汽油、稀料等清洁剂。

3）清洁时要充分考虑织物纹理的变化和规律，一般采用纵横双向清洁效果较好，清洁结束后再用干毛巾顺着纤维织物的方向擦拭。

（2）人造革、真皮座椅的清洁护理　人造革、真皮座椅的共同特点是其表面都有许多细纹，这些细纹内极易吸附污垢，用湿毛巾擦拭这样的方法很难去除干净。人造革和真皮亦不可用水清洗，否则不但影响美观，而且会产生裂纹影响使用寿命，因此这类座椅应使用专用的皮革清洁护理剂或多功能泡沫清洁剂清洗。

人造革、真皮座椅的清洁护理方法如下：

1）首先将皮革表面用软布擦拭干净，除去其上的尘土、水汽。

2）对于表面比较干净的皮革座椅，可以直接用真皮上光保护剂进行清洁上光。

3）对于较脏的皮革座椅，应采用多功能泡沫清洁剂（或皮革清洁护理剂）进行清洁。使用前先摇匀皮革清洁护理剂，距离约 10～20cm，直接喷射到座椅表面，如图7-55 所示。停留 1min 左右，让清洗剂有效地润湿和分解硬结在皮革表面的油污，再用毛刷轻轻刷洗或用干净毛巾仔细擦拭，如图7-56 所示，方法同处理化纤织物座椅一样，从四周向中间逐渐进行，再用一块干毛巾将其擦干，如图7-57 所示；然后打开车门，使空气流通，晾干皮革上的水分。

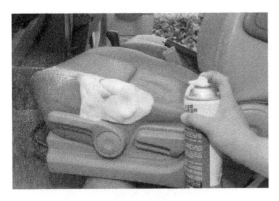

图 7-55　真皮座椅喷射清洁剂

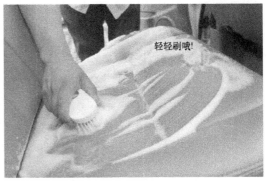

图 7-56　用毛刷轻轻刷洗

4）最后将真皮上光剂喷在打蜡海绵上，像打蜡一样，均匀涂在座椅表面，1～2min 后用干毛巾反复擦拭，直至皮革光亮如新。若光亮度不够，可多遍喷涂擦拭，如图 7-58 所示。

图 7-57　用毛巾擦干

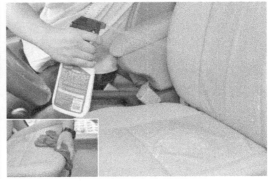

图 7-58　喷涂真皮上光剂

5）皮革上光后要进行必要的风干或烘干干燥处理。

（3）头枕的清洁　头枕清洁工作和座椅的清洁一样，在清洁时如若人头部油脂的分泌对头枕造成严重污染，应该使用织物清洗剂或皮革清洗剂进行清洁。

5. 安全带的清洗

如图 7-59 所示，将清洗剂喷洒在安全带上，十几秒后便可以轻轻用其软毛刷刷洗，然后用湿毛巾反复将安全带擦拭，直至将安全带上的泡沫全部擦拭干净（图 7-60）。

注意：1）不可选用化学清洗剂、染色剂或漂白剂作为清洗剂清洗，否则将降低安全带的强度。

2）洗净后不要立即卷起安全带，卷起前安全带必须完全干透。

6. 门内护板的清洁护理

门内护板有化纤织物和皮革两类。一般汽车的门内护板距离乘车人员近，最容易因"手"而弄脏，而且油污等较多，可采用与座椅清洁相同的方式进行，如图 7-61 所示。

图7-59　安全带清洗工具

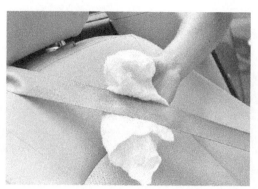

图7-60　汽车安全带的清洗

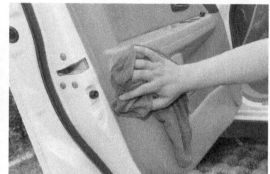

图7-61　门内护板的清洁护理

7. 桃木内饰的清洁护理

作为一种品位和身份的象征，桃木内饰（图7-62）现在已经成为越来越多高档车的必备品。汽车的桃木内饰也有一定的寿命，特别是它表面的光釉在使用一段时间后，因逐渐磨损会导致整个桃木内饰出现黯淡无光的现象，即"亚光"。只要恰当保养，就能使其重新恢复光泽。

（1）日常保养操作方法　经常用柔软的湿布条擦拭桃木，即可擦去粘在上面的灰尘，保持桃木的正常光泽。在擦拭中，切记不要用干硬的毛巾直接擦拭，也不要用酸性或者碱性的液体，这样都会损害桃木上面的光釉。

图7-62　配备桃木内饰的汽车

（2）出现"亚光"后操作方法　在汽车车身打蜡的同时给桃木内饰上打一点蜡，然后用柔软的湿毛巾快速地在上面擦拭，因为桃木内饰出现黯淡无光的现象是由于上面的光釉光泽度降低，而汽车打蜡的目的就是让光釉重新焕发光泽。在打蜡擦拭的时候，切记擦拭的速度要快。

当打蜡不起作用时候，就表明桃木内饰上的光釉已经磨损得所剩无几，此时可对桃木内饰抛光后重新喷釉，但要注意经常抛光会损害桃木内饰。

8. 中控台的清洁

中央控制台的清洁护理要特别细心，这个区域边角缝隙特别多，而且是音响、空调等各种控制开关的分布区域，其上污染主要是驾乘人员用手触摸按键留下的油脂和污渍，应先用毛刷轻轻刷除缝隙中的灰尘，然后再用防静电清洁剂进行清洁。在操作中不许直接对其喷清洁剂，而应将清洁剂喷在干净的毛巾上，轻轻擦拭干净，如图 7-63 所示。切勿用力过大，以免损坏电控开关和弄花面板上的饰件。

图 7-63　中控台的清洁

> **注意**：选择清洁剂种类时要斟酌，劣质清洁剂会使塑料褪色，若使用不当，有可能导致中央控制台的颜色脱落。

9. 地毯和脚垫的清洁

汽车里面最容易脏的就是地毯，地毯和脚垫多为纤维织物制作，对于不可拆卸的地毯，先用吸尘器除尘，再用蒸汽清洗机进行消毒处理，最后喷涂保护剂和光亮剂。

对于拆卸下的地毯或脚垫，取下后先用敲击法去掉附着在其上的沙粒、碎屑等，然后用吹尘枪吹落灰尘。如果地毯很脏，去掉灰尘后，喷涂适量的泡沫清洗液或专用地毯清洗液（图 7-64），然后用刷子刷洗干净，最后用干净的毛巾吸掉多余的洗涤剂，这样可以使洗后的地毯既干净又跟以前一样柔软。

对于拆卸下的地毯或脚垫，在去掉灰尘后，也可用水或清洗剂清洗，彻底去除灰尘、污渍和杀灭滋生细菌，然后放在汽车美容专用脱水机中脱水。

图 7-64　汽车脚垫的清洗

10. 空调通风口的清洁

空调系统为驾乘人员提供了舒适的乘坐环境。但汽车在行驶时，大量的灰尘污物会进入空调的进风口，吸附在风道内侧，在高湿的环境下，会滋生大量的细菌，危害人体健康。空调系统的进出风口多为硬质塑料，沾染的污垢简单，基本为粉尘沉降。

空调通风口的清洁方法如下：

1）用吸尘器对各进出风口吸尘。

2）取下进气滤网，拍去灰尘，用湿毛巾擦去进出风口的灰尘和污垢。因为空调通风口有栅格，建议清洁时喷入空调除臭剂处理（图7-65），也可以用小的软毛刷配合进行仔细清洗，如图7-66所示。

3）关闭汽车空调，拆下鼓风机电阻。

4）将空调系统清洁剂喷入风箱内并填满。

5）用抹布遮住清洁剂入口处，以免清洁剂泡沫外溢。

6）用气枪使清洁剂泡沫附着整个冷凝器以及风箱内部角落。

7）装回鼓风机电阻（如清洁剂没有用完，请重复以上动作），还原杂物箱以及饰板。

8）起动发动机，打开鼓风机开关置于二档并按下A/C键，使空调运转10min。

图7-65　喷入空调除臭剂处理

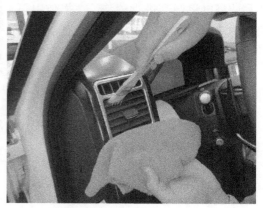

图7-66　用小毛刷配合清洗出风口

第三节　车内污染的来源与防治

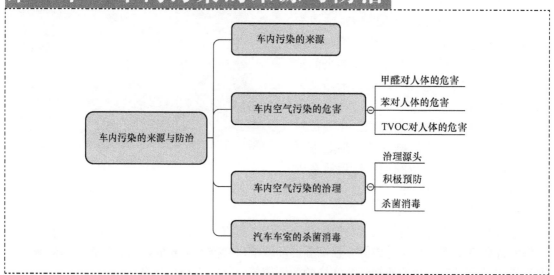

车内清洁后，可谓焕然一新。但车内的污染仍然存在，因此很有必要对车内进行彻底的消毒。

一、车内污染的来源

车内污染的来源主要有以下几个方面。

1）人体自身的污染。据统计，在人体呼出的气体中，至少存在25种有害物质，加上人体排泄出的汗液，鞋、袜、衣服等散发出的不同气味及人在谈话、咳嗽和打喷嚏时喷射出来的唾沫等，这些均是污染。

2）内室清洁后有些细菌无法彻底清除。尤其是冬天，驾驶人一般很少开窗通风透气，车内积聚了大量细菌，即使经常打开车窗，保持车内空气流通清新，但对遗留在车内座椅、内饰、顶篷等处的细菌却无济于事。

3）汽车空调蒸发器长时间不进行清洗护理，就会在其内部附着大量灰尘污垢，容易霉变产生异味和传染疾病（就是人们常说的空调病）。

4）如图7-67所示，新车的车内各种配件（如座椅、座垫等）和车内饰（如车内地板、门内护板、车顶篷衬里等），内饰材料中含有的有毒物质。这些污染物主要包括苯、甲醛、丙酮和二甲苯等，这些有害物质在不知不觉中使人出现头痛、乏力等中毒症状。

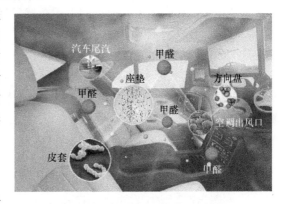

图7-67 车内配件及内饰的污染物

二、车内空气污染的危害

在车内污染物中以甲醛、苯和TVOC对人体的危害最为严重。

1. 甲醛对人体的危害

甲醛是一种无色易溶的刺激性气体，容易令人感觉到刺眼、刺鼻。甲醛主要来自于车椅座套、座垫和车顶内衬等材料上的阻燃剂及装饰材料中的粘合剂、油漆等。甲醛可经呼吸道吸收，其水溶液"福尔马林"可经消化道吸收。现代科学研究表明，甲醛对人体健康有较大的影响。当车内空气中甲醛含量为 $0.1mg/m^3$ 时就有异味和不适感；$0.5mg/m^3$ 时可刺激眼睛引起流泪；$0.6mg/m^3$ 时会引起咽喉不适或疼痛；浓度再高可引起恶心、呕吐、咳嗽、胸闷、气喘甚至肺气肿；当达到 $30mg/m^3$ 时可当即导致死亡。

长期接触低剂量甲醛可以引起慢性呼吸道疾病，女性月经紊乱、妊娠综合症，引起新生儿体质降低、染色体异常，甚至引起鼻咽癌。高浓度的甲醛对神经系统、免疫系统、肝脏等都有毒害。甲醛还有致畸、致癌作用。据流行病学调查，长期接触甲醛的人，可引起鼻腔、口腔、鼻咽、咽喉、皮肤和消化道的癌症。

2. 苯对人体的危害

苯为无色透明油状液体，具有强烈芳香的气味，易挥发为蒸气，易燃有毒。车内的苯主要来自于粘合剂、漆料的溶剂、合成橡胶、人造革等材料，同时油漆、橡胶、皮革、合成树脂中还含有甲苯和二甲苯。

苯会危害人的造血功能，可致贫血、感染、皮下出血等，长期低浓度暴露会伤害听力，导致头痛、头昏、乏力、苍白、视力减退及平衡功能失调，皮肤反复接触导致红肿、干燥、

起水疱。苯对人体有致癌作用，能发展为白血病，还影响生殖系统如出现月经不调等。

甲苯对人体中枢神经系统的麻醉作用会导致人体出现植物神经功能紊乱症状以及黏膜刺激症状，重者甚至抽搐、神志不清，有的可出现癫病样症状。慢性中毒者常出现神经衰弱综合征，亦可导致脑病及肝肾损害。

二甲苯会使人体皮肤产生干燥、皲裂和红肿，会损害人的神经系统，还会使肾和肝受到暂时性损伤。

苯污染对人体的危害，与饮水污染、食物污染不同，苯污染有长期性和差异性的特点。苯污染具有很长的潜伏期，可能三年、五年毫无征兆，也可能很快发病。此外，人的免疫力有很大差异，同样在有污染的环境中工作，有人敏感，有人茫然不觉，有人很快中毒。

3. TVOC 对人体的危害

"TVOC" 是总挥发性有机化合物的简称，挥发性有机物常用 VOC 表示，它是 Volatile Organic Compounds 的缩写，但有时也用总挥发性有机物 TVOC 来表示。

TVOC 分为烷类、芳烃类、烯类、卤烃类、酯类、醛类、酮类和其他八类，车内 TVOC 主要来自于油漆、粘合剂、隔热隔声材料、装饰材料和地毯等。

TVOC 能引起人体免疫功能失调，影响中枢神经系统，出现头晕、头痛、嗜睡、无力、胸闷等症状；还可影响消化系统，出现食欲不振、恶心等症状，严重时可损伤肝脏和造血系统，出现变态反应等。

三、车内空气污染的治理

1. 治理源头

1）汽车生产厂家应在车内选用环保材料，新车应有一定的污染释放期，确保进入销售市场的汽车能够达到环保要求。

2）加强汽车装饰市场的管理，禁止销售安装可产生空气污染的装饰品及施工材料。

3）国家应尽快制定颁布相关标准，对车内进行环保检测，不合格的新车不允许出厂，不合格的在用车应及时采取措施。

2. 积极预防

为避免在汽车内受到有害气体的危害，车主应采取以下预防措施。

1）购买新车后，应当像新装修住房那样，尽可能地保持车内外空气的交换，以便尽早让车内的有害气体挥发释放干净。

2）进入车内后，应尽快打开车窗或开启外循环通风设施，引进新鲜空气，不能在封闭车窗的状态下长时间行车，更不能在封闭的车内睡眠或长时间休息。

3）在开启空调和暖风时，使用车内外空气交流模式，尽量避免长时间使用车内自循环模式。另外，要定期清洗车内空调，尽量保持车内空气新鲜。

4）尽量选择在开阔、空气流动大的线路上行车。

5）根据车外空气状况，及时调整车内的空调循环系统。在遇到堵车严重的地段和时间，或跟随尾气排放可能超标的车辆行驶时，应当把空调、暖风开关暂时调到车内自循环模式，开窗行驶的车辆应暂时关闭车窗。

3. 杀菌消毒

车内杀菌消毒的方法主要有臭氧消毒、负离子消毒、光触媒消毒、炭制品（活性炭及竹炭等）消毒和化学消毒等。

四、汽车车室的杀菌消毒

汽车车室的杀菌消毒主要有以下几种方式。

（1）高温蒸汽杀菌消毒处理　首先将一定量的清水倒入蒸汽清洗机中，接通电源，加热约 30min，同时观察温度表和压力表的读数，当温度达到 140℃ 时，即可用产生的蒸汽对车内部件进行逐一消毒，如图 7-68 所示。整个过程大约需要 1h。消毒完毕可以喷洒少量的合适香型的空气清新剂，使乘坐环境更为舒适。

（2）空气清新剂杀菌处理　车辆完成车室清洁后，为了节约时间也可以用空气清新剂进行清新杀菌处理，净化室内空气（图 7-69）。操作方法：发动机熄火，将空调设置在进风状态，向空调各出风口处喷施空气清新剂，连续喷 10s；起动发动机，打开空调系统，将其设置为内循环和最大出风量，在各进风口处连续喷洒空气消毒剂 10s 进行杀菌去除异味；发动机持续运转 5min，然后打开车门使空气自然流通；最后再喷洒空气清新剂。

图 7-68　车内高温蒸汽杀菌消毒处理

图 7-69　空气清新剂的作用

（3）车内富氧杀菌　车内空间是一个独立的封闭空间，空气流通性差，容易产生异味，用车载氧吧释放离子可以达到车内空气清新的目的，且不妨碍其他操作，如图 7-70 所示。事实上它不能算严格意义上的空气杀毒方法，而只能是一种空气清新和净化方式，优点是使用简单，基本不用车主动手，缺点也比较明显，空气净化过程缓慢，杀毒不彻底。

操作方法：把车载氧吧的供电线一端插入汽车的点烟器，另一端插入氧吧的直流插座，当汽车起动后，点烟器开始供电，按下氧吧的电源按钮，氧吧就开始工作，释放负离子，达到氧吧的效果。富氧杀菌时间一般为 15～20min。

（4）臭氧消毒法　臭氧消毒法是采用一个能迅速产生大量臭氧的汽车臭氧消毒机来进行消毒的。这种方法的优点是消毒时间短，对车内的细菌消除彻底，也不会造成二次污染。美中不足的是无法消灭空调蒸发器内的细菌，而且臭氧管易衰减老化，消毒后车内会残留异味，效果持续时间短，需要定期消毒。

操作方法：

1）将一根连接着汽车臭氧消毒机的胶管伸入车厢内，如图 7-71 所示。

图 7-70　车内富氧杀菌

图 7-71　将消毒机的胶管伸入车厢内

2）打开车内空调和汽车臭氧消毒机。利用空调的空气循环，将汽车臭氧消毒机产生的高浓度臭氧送到车内的各个角落，只需几分钟就可以了。

（5）光触媒消毒　如图 7-72 所示，利用光触媒剂可以分解如甲醛、苯系物、氨气、汽车尾气等几乎所有对人体或环境有害的有机物质，可以杀死空气中的病毒、细菌、真菌等，达到净化空气的作用，并且表面覆有二氧化钛光触媒的物体都有亲水防雾的功能。光触媒消毒效果持久，一般施工一次可以保持功效两年左右，和蒸汽高温消毒需要经常施工相比，费用低廉。但由于光触媒需要紫外线照射才能产生作用，而紫外线对人体有一定的副作用，有些车主给自己的爱车贴了防爆膜，防爆膜的作用就是阻隔紫外线，因此贴了膜的车主一定要考虑二者会不会冲突。

图 7-72　光触媒消毒

光触媒的施工工艺如下：

1）清洁车室内各部位，然后降下车窗，打开车门，保持通风。

2）将清洁的喷枪与空气压缩机相连，并进行空喷射以排除喷枪及管内的水分。

3）将白色牛奶状的液态光触媒注入喷枪，并进行试喷。在距离试板 30cm 垂直距离处，对准试板中心喷射，调整喷枪喷涂量，调节旋钮使喷射带宽度达到在喷射中心上下各 10cm 内的最佳喷射状态。

4）车内各清洁部位干燥后，依顺序进行光触媒操作（图7-73），喷涂顺序与吸尘顺序相同。同时为防止将光触媒喷涂到玻璃、顶灯、内后视镜、开关、门把手上，应在喷涂时用试板配合遮住上述部位。

5）喷涂完毕，升起车窗，关上车门，起动发动机，开启空调并将空调置于车内循环和上半身送风状态运行3min。

6）关闭发动机，打开车门，等待10min以使光触媒喷涂到的部位完全干燥，并将吸尘时移出的物品归位。

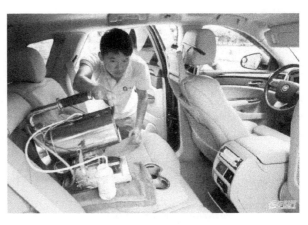

图7-73 光触媒消毒操作

7）清洗喷枪。车内清洁消毒完成后，检查全车。当保证车内无污渍、无遗漏时，即可将车移至交车工位由服务接待向顾客交车。

第四节 发动机舱及行李箱的美容

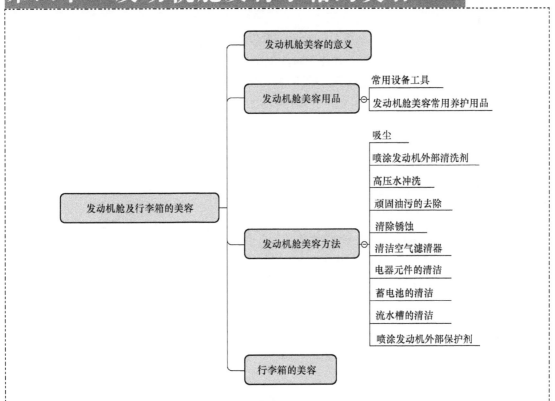

发动机室美容是指依据发动机室的特殊性，采用专业美容清洁护理用品，对发动机外室及附件进行清洗与保养，达到净化发动机室，延长发动机及附属件使用寿命的一种操作工艺。发动机室美容主要的工作有三个方面：一是油污清除；二是锈渍处理；三是发动机电器

部分的清洗。

一、发动机舱美容的意义

发动机是汽车"心脏"，发动机性能的好坏直接影响到汽车的使用性能。汽车上安放发动机的空间称为发动机舱。绝大部分轿车的发动机都是在车辆的前部，打开发动机舱盖就能看到。汽车行驶环境复杂，发动机要不断向外散热，而发动机的密封问题始终没有得到根本的解决，致使汽车在行驶过程中卷起的风沙尘土从发动机舱下方进入，飞落于发动机表面，加之发动机长时间在高温下工作，就会使发动机表面形成厚厚的油泥性腐蚀物，长时间将会渗透于发动机表面各部件，造成金属生锈、塑料件老化变形等，从而导致发动机故障。

二、发动机舱美容用品

1. 常用设备工具

发动机舱美容的工作量虽然大，但项目较少，不需要进行复杂的拆装，故所用的设备、工具和材料也较为简单，主要有空气压缩机、高压洗车机、毛巾、海绵和毛刷等。

2. 发动机舱美容常用养护用品

发动机舱美容常用清洁养护用品主要有发动机外部清洗剂、发动机外部保护剂、电器清洗剂、化油器清洗剂、除锈剂、汽车线路保护剂、电子清洁剂、橡胶清洗剂、橡胶保护剂等。

① 发动机外部清洗剂。发动机外部清洗剂又叫机头水，如图7-74所示。此类产品多为轻质类除油剂，分解去污能力强，对各种材质的部件无腐蚀性，一般适用于大部分汽车的金属、塑料、橡胶等部件，对发动机表面的机油、制动液、蓄电池电解液等渗透性极强的化学液体有很好的清洁作用。

图7-74　发动机外部清洗剂

② 电器清洗剂。这类产品的特点是具有极好的挥发性，具有清洁、防潮、润滑等功能，能有效避免清洗后汽车电器设备因水分长期潮湿不散而造成的短路现象，可安全使用于蓄电

池、分电器及汽车音响等各类电器元件上，如图7-75所示。

③ 发动机外部保护剂。发动机外部保护剂（图7-76）是发动机外部专用护理剂，可有效降低电路系统阻抗，并清除油垢灰尘，在发动机部件表面形成光亮的保护层，使发动机表面焕然一新，并防止金属外表面的氧化锈蚀，具有线路护理和清洁发动机两种功效。

图7-75　电器清洗剂

图7-76　发动机外部保护剂

④ 化油器清洗剂。化油器清洗剂（图7-77）具有强力清洁作用，能快速去除附着在发动机表面的顽渍、污垢。

⑤ 除锈剂。除锈剂能迅速渗透生锈部位，使生锈松脱，消除零部件因摩擦引起的杂声，具有清洁、润滑、保护和去除湿气、防止生锈等功能。

⑥ 汽车线路保护剂。如图7-78所示，汽车线路保护剂专门用于发动机外部线路的保养和防护，延缓绝缘橡胶老化，在接头表面形成一层特殊的保护层，减少水汽入侵，保持发动机正常运转，定期使用可以降低因线路老化而引起电路短路的风险，确保行车安全。

⑦ 电子清洁剂。电子清洁剂（图7-79）能有效去除电子、电器元件上的污渍、水汽、灰尘，主要用于发动机电路清洁。

图7-77　化油器清洗剂

三、发动机舱美容方法

在清洗发动机外部时，应先将发动机熄火，使所有电器不工作，并使发动机舱温度下降，千万不可在高温下清洗。发动机舱美容的清洁方法如下。

1. 吸尘

打开发动机舱盖，用吸尘器进行吸尘处理，原则是由高到低，由里到外，可先对发动机舱盖吸尘处理，再清洁发动机舱，如图7-80所示。

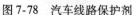

图 7-78　汽车线路保护剂　　　　　图 7-79　汽车电子清洁剂

2. 喷涂发动机外部清洗剂

　　首先摇晃发动机外部清洗剂使其混合均匀，然后将发动机外部清洗剂喷涂到整个发动机舱及发动机外部各部件总成处，如图 7-81 所示，停留 3～5min，以使污垢尽可能被吸附到泡沫中。用毛刷和海绵刷洗发动机舱的各个角落，如图 7-82 所示。

图 7-80　发动机舱吸尘处理　　　　　图 7-81　喷涂发动机外部清洗剂

3. 高压水冲洗

　　当清洗剂的泡沫开始消失时，用高压洗车机仔细冲洗。清洗时应使用散射水柱进行冲洗，务必彻底冲洗使清洗剂无残留，如图 7-83 所示。

4. 顽固油污的去除

　　如图 7-84 所示，对于发动机上残留的顽固附着污物，可将去污力较强的化油器清洗剂直接喷涂在污物处，稍等片刻用毛刷或海绵刷洗，用毛巾擦抹干净后再喷涂发动机外部清洁剂，停留 2～3min，最后用水冲洗干净。

图 7-82　用毛刷和海绵清洗发动机舱的各个角落　　　　图 7-83　高压水冲洗发动机舱

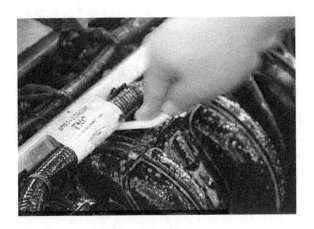

图 7-84　顽固油污的去除

5. 清除锈蚀

金属生锈的过程是一个缓慢的氧化过程。开始时，金属表面会出现一些细小的斑点，然后斑点逐渐扩大，颜色变深，形成片状或层状的锈蚀物，如不及时清除会影响机件的使用寿命。清除锈蚀应使用清洁除锈剂，方法是将除锈剂喷涂在锈蚀处，停留大约 5～10min 后，用水充分清洗，严重的可以用毛刷辅助刷洗除锈，然后用软布擦干。除锈完毕后，用多功能防腐润滑保护剂喷涂一层。

6. 清洁空气滤清器

目前汽车空气滤清器普遍采用纸质滤芯，它安装在滤清器壳里，对吸入发动机的空气进行过滤，使用一段时间后会有大量的尘土、沙粒吸附在上面，降低了发动机的进气量。因此应定期清洁，如图 7-85 所示。清洁时，将纸质滤芯从滤清器的壳里取出，用压缩空气由内往外吹，直至干净。如果发现滤清器破裂必须及时更换。

注意：清洁空气滤清器时不可将其弄湿，更不能用水清洗。

7. 电器元件的清洁

发动机的电器元件包括继电器、点火线圈等，这些部件需要用专业的电子清洁剂来清洁。如果长期用水和普通的清洁剂处理，则只能加速生锈、老化，进而影响汽车的正常起动

图 7-85　空气滤清器的清洁

和行驶。清洗时擦干电器部分，然后再用电子清洗剂清洁处理电器及电路部分。清洁后不必用水冲洗，只需擦干或任其自然干燥，最后喷涂一遍汽车线路保护剂。

8. 蓄电池的清洁

因为汽车行驶时的颠簸振动和发动机舱温度的升高，蓄电池电解液常常会从加液口中溅出，电解液会腐蚀车架的底板和电池的安装支架，所以应定期检查清洁（图 7-86）。清洁时，先将蓄电池从车上拆下，用除锈剂清除。清洗时注意不要让清洗液从加液口流进蓄电池，破坏电解液的纯度。蓄电池极柱氧化会引起接触不良，因此清洗完毕安装时可在蓄电池极柱上涂抹一层凡士林，防止极柱氧化。

注意：现在的汽车均使用免维护蓄电池，但也需要对极柱进行防氧化处理。

图 7-86　蓄电池的清洁

9. 流水槽的清洁

前风窗玻璃下方发动机盖与两前翼子板接合处的流水槽，大部分很脏，清洗时必须注意观察流水槽是否疏通并配合软毛刷刷洗，再用干净软布擦干。清洗干净后，喷涂橡胶保护剂，防止橡胶老化。

10. 喷涂发动机外部保护剂

清洗过的发动机外部表面易氧化锈蚀。因此先用高压气体将发动机上所有的零部件、轴承孔、铰链及缝隙吹干，再将发动机外部保护剂均匀喷涂在发动机壳上，如图7-87所示。

图 7-87　喷涂发动机外部保护剂

四、行李箱的美容

行李箱是汽车内部的重要设施，作为内饰美容的一部分在汽车美容中不容忽视。

行李箱是车辆放置大件物品的地方，汽车的备用轮胎及随车工具也放在行李箱中，由于车主的需要，装载的物品复杂，容易产生垃圾和形成污垢。行李箱内饰多为绒布，里面铺设的材料有胶垫、丝绒地毯，要针对不同材质进行清洁处理。

清洗时，先取出行李箱内的备用胎、随车工具以及杂物和底板防护垫，如图7-88所示。再拍去灰尘，用吸尘器吸去内部的灰尘、泥沙和污垢，如图7-89所示。然后用湿毛巾进行擦拭，主要是去除灰尘。对于铺设胶垫的行李箱，可用毛巾蘸上清洗液进行擦洗；对于铺设丝绒地毯的行李箱可按地毯的清洗方法进行清洁。对行李箱的密封条，可先用水清洁，然后用毛巾吸干水分，再上车蜡或橡胶保护剂，然后对整个行李箱喷洒空气清新剂（图7-90）进行清新杀菌处理，最后装复备用胎、随车工具和杂物。

图 7-88　取出行李箱内的备用胎及防护垫

图 7-89　用吸尘器吸尘

图 7-90　行李箱的清洗

参 考 文 献

[1] 辛莉. 汽车美容与装饰 [M]. 北京：机械工业出版社，2013.

[2] 周燕. 汽车美容与装饰 [M]. 4 版. 北京：机械工业出版社，2017.

[3] 谭本忠. 汽车美容与装饰图解教程 [M]. 北京：机械工业出版社，2016.

[4] 罗华. 汽车美容与装饰 [M]. 北京：机械工业出版社，2016.

[5] 周燕. 汽车美容装饰与钣金修复 [M]. 北京：机械工业出版社，2015.

[6] 姚时俊. 汽车美容 [M]. 3 版. 北京：机械工业出版社，2014.

[7] 陈远吉. 汽车美容技师快速入门 30 天 [M]. 北京：机械工业出版社，2014.

[8] 陈安全，王鹤隆. 汽车美容实用教程 [M]. 北京：机械工业出版社，2012.

[9] 周燕. 汽车美容与装饰 [M]. 3 版. 北京：机械工业出版社，2011.

[10] 李平. 汽车美容 [M]. 北京：机械工业出版社，2017.

[11] 鲁植雄. 汽车美容 [M]. 3 版. 北京：人民交通出版社，2017.

[12] 赵俊山，胡克晓. 汽车美容 [M]. 北京：人民交通出版社，2017.

[13] 宋孟辉. 汽车美容与装饰 [M]. 2 版. 北京：机械工业出版社，2016.

[14] 吴兴敏，祖国海. 汽车整形与美容 [M]. 北京：北京理工大学出版社，2015.

[15] 覃维献. 汽车美容与装饰 [M]. 北京：人民邮电出版社，2012.

[16] 冯培林. 汽车美容 [M]. 北京：化学工业出版社，2015.

图 2-18 蒸汽洗车机

图 2-19 无接触洗车机

图 2-37 用洗车发泡枪清洗

图 3-1 新车开蜡

图 3-8 抛光封釉

图 3-14　轮胎保护剂

图 3-22　塑料件清洗剂

图 3-28　洗车泥护理

图 4-16　手工上蜡

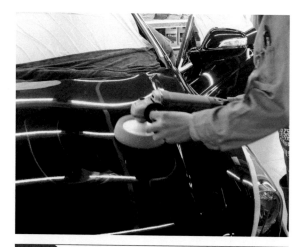

图 4-26　漆面镀膜

图 4-34　抛光机

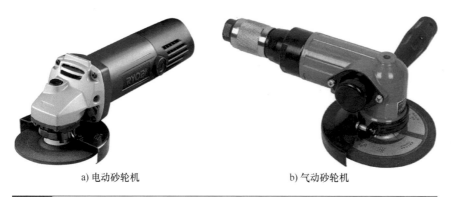

a) 电动砂轮机　　　　　b) 气动砂轮机

图 5-15　砂轮机

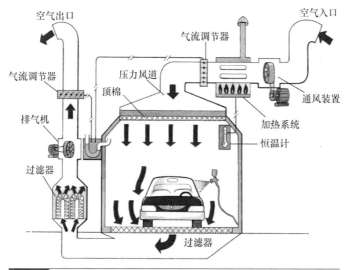

图 5-53　热空气对流式烤漆房

图 5-114　干磨系统

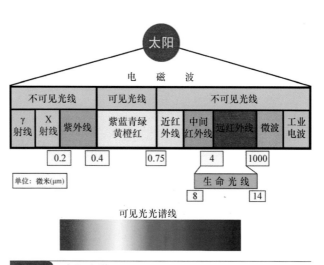

图 6-25　太阳光谱

图 7-19　真空吸尘机

图 7-20　多功能清洗机